초등 문해력을 키워주는
고전 독해와 글쓰기1

초등 문해력을 키워주는
고전 독해와 글쓰기 ①

초등학생이 꼭 읽어야 할 초등 고전 25편

글 정형권·김정원
그림 김민

성림주니어북

"공부의 든든한 주춧돌, 독해력"

혼자 힘으로 공부하려면 어떻게 해야 할까요? 교과서와 자습서를 읽는 게 힘들다면 학년이 올라갈수록 공부가 힘들어집니다. 따라서 자기주도학습을 하기 위해서는 먼저 독해력을 향상해야 합니다. 초등 시기에 독해력을 탄탄하게 다져 놓으면 중·고등 시기에 어려운 공부를 잘 헤쳐 나갈 수 있습니다. 단단하게 다져진 독해력은 모든 과목을 공부하는데 튼튼한 주춧돌이 되어줄 것입니다.

"WHY? 매일 독해"

이 책은 고전 명작에서 뽑은 중요 장면들을 각각 하나의 지문으로 구성했습니다. 길지 않은 지문으로 읽는 데 부담이 없고, 적당한 문제를 제시하여 읽기에 집중할 수 있습니다. 매일 한 장씩 풀어나간다면 시나브로 독해력이 향상하는 것을 확인하게 됩니다. 또 읽은 지문과 연계한 글쓰기를 통해 표현 능력을 향상하도록 구성하였습니다. 잘 읽는 것을 넘어 자기 경험과 생각을 글로 쓰는 힘을 기르게 됩니다.

『초등 문해력을 키워주는 고전 독해와 글쓰기』는 왜 자기주도학습에 도움이 될까요?

① 공부의 재미를 알아가는 책

아이들의 흥미와 재미, 교훈을 고려한 적절한 지문 구성으로 지루하지 않게 공부할 수 있습니다.

② 규칙적인 공부 습관을 길러주는 책

매일 짧은 시간, 적절한 양의 지문을 읽고 문제를 풀면서 성취감을 느끼고 규칙적으로 공부할 수 있게 됩니다.

③ 표현력을 키워주는 책

다양한 고전 명작을 읽으면서 문해력이 향상되고 연계된 글쓰기 연습을 통해 표현력이 향상됩니다.

『초등 문해력을 키워주는 고전 독해와 글쓰기』 수록 도서 목록 및 글쓰기 주제

초등학생이 꼭 알아야 할 작품 50편을 선정하여 2권으로 구성하였습니다. 초등 시기에 읽어야 할 고전 명작을 접하고 읽기 능력을 키울 뿐만 아니라 배경지식과 상식을 쌓을 수 있습니다.

	1권		2권
1	키다리 아저씨	1	크리스마스 캐럴
2	톰 소여의 모험	2	아라비안나이트
3	사랑의 학교	3	작은 아씨들
4	행복한 왕자	4	80일간의 세계 일주
5	베니스의 상인	5	올리버 트위스트
글쓰기1	편지글 쓰기	글쓰기1	기사문 쓰기
6	이상한 나라의 앨리스	6	호두까기 인형
7	정글 북	7	메리 포핀스
8	걸리버 여행기	8	돈키호테
9	안네의 일기	9	지킬 박사와 하이드 씨
10	레 미제라블	10	파랑새
글쓰기2	일기 쓰기	글쓰기2	극본 쓰기

11	비밀의 화원	11	눈의 여왕
12	사람은 무엇으로 사는가	12	로빈 후드
13	시튼 동물기	13	하이디
14	어린 왕자	14	빨간 머리 앤
15	프랑켄슈타인	15	파브르 곤충기
글쓰기3	묘사하는 글 쓰기	글쓰기3	전기문(자서전) 쓰기
16	타임머신	16	그리스·로마 신화
17	블랙 뷰티	17	로미오와 줄리엣
18	하늘을 나는 교실	18	노인과 바다
19	동물 농장	19	해저 2만 리
20	오즈의 마법사	20	로빈슨 크루소
글쓰기4	소개하는 글 쓰기	글쓰기4	서사(시간의 흐름에 따라)글 쓰기
21	나의 라임오렌지 나무	21	폭풍의 언덕
22	15소년 표류기	22	꿀벌 마야의 모험
23	홍당무	23	모비 딕
24	피노키오	24	피터 팬
25	보물섬	25	셜록 홈스의 모험
글쓰기5	독서감상문 쓰기	글쓰기5	조사보고문 쓰기

차례

1주 Week1

01 『키다리 아저씨』	키다리 아저씨께	12
02 『톰 소여의 모험』	영광스러운 페인트칠	16
03 『사랑의 학교』	밤마다 이름 쓰는 소년	20
04 『행복한 왕자』	모든 것을 다 주는 왕자	24
05 『베니스의 상인』	목숨을 구한 판결	28

고전 속으로   32
글쓰기 연습1 : 편지글 쓰기   36

2주 Week2

06 『이상한 나라의 앨리스』	내 몸이 이상해	40
07 『정글 북』	늑대들의 부족 회의	44
08 『걸리버 여행기』	릴리펏 왕의 걱정거리	48
09 『안네의 일기』	은신처에서 전해 들은 바깥세상 소식	52
10 『레 미제라블』	주교님의 선한 거짓말	56

고전 속으로   60
글쓰기 연습2 : 일기 쓰기   64

3주 Week3

11 『비밀의 화원』	난 영원히 살 거야!	68
12 『사람은 무엇으로 사는가』	벌거벗은 천사	72
13 『시튼 동물기』	늑대왕 로보	76

| ⑭ 『어린 왕자』 | 길들인다는 것 | 80 |
| ⑮ 『프랑켄슈타인』 | 친구가 필요했을 뿐이에요 | 84 |

고전 속으로 88
글쓰기 연습3 : 묘사하는 글 쓰기 92

4주 Week4

⑯ 『타임머신』	미래 인류를 만나다	96
⑰ 『블랙 뷰티』	생명을 구한 뷰티의 감각	100
⑱ 『하늘을 나는 교실』	난 겁쟁이가 아니야	104
⑲ 『동물 농장』	메이저 영감의 꿈	108
⑳ 『오즈의 마법사』	동쪽 마녀의 은구두	112

고전 속으로 116
글쓰기 연습4 : 소개하는 글 쓰기 120

5주 Week5

㉑ 『나의 라임오렌지 나무』	선물 없는 크리스마스	124
㉒ 『15소년 표류기』	배를 떠나 동굴 속으로	128
㉓ 『홍당무』	닭장 문 닫기	132
㉔ 『피노키오』	외투를 팔아 책을 사 온 제페토 할아버지	136
㉕ 『보물섬』	플린트 선장의 지도	140

고전 속으로 144
글쓰기 연습5 : 독서감상문 쓰기 148

정답 및 해설 150

Week 1

키다리 아저씨
톰 소여의 모험
사랑의 학교
행복한 왕자
베니스의 상인

01 키다리 아저씨

키다리 아저씨께

퍼거슨 기숙사 215호실에서
9월 24일

고아를 대학에 보내 주신 친절한 후원자님께

드디어 대학에 왔어요! 수업은 다음 주 월요일부터 시작하는데 지금은 토요일 밤이라 이곳 생활에 대해 드릴 말씀은 아직 없어요. 하지만 아저씨께 먼저 인사를 드리고 싶어 편지를 드립니다.

모르는 분께 편지를 쓰려니 이상한 기분이 들어요. 하긴 편지를 쓰는 것 자체가 저에겐 어색한 일이에요. 평생 편지를 서너 통밖에 안 써보았거든요. 그러니 좀 서툴더라도 이해해 주세요.

어제 아침 고아원을 떠날 때 원장님은 저에게 후원자님을 공손한 태도로 대하라고 여러 번 말씀하셨어요. 하지만 자신을 '존 스미스'라고 불러 달라는 분을 어떻게 불러야 공손한 걸까요? 좀 더 친근한 이름을 고르셨으면 좋았을 텐데요. 지금은 마치 '친애하는 말뚝 씨'나 '친애하는 옷걸이 씨'에게 편지를 쓰는 것 같아요.

지난여름 동안 아저씨 생각을 많이 했어요. 태어나서 처음으로 제게 관심을 두는 분이 계신다고 생각하면 가족이 생긴 느낌이에요. 그러나 아저씨를 떠올릴 때면 상상이 잘 안되어요. 제가 아저씨에 대해 아는 건 세 가지뿐이거든요. 키가 크다, 부자다, 여자아이를 싫어한다. 아저씨를 '여자아이를 싫어하는 아저씨'라고 부르는 건 버릇없는 것 같아요. 또 '부자 아저씨'라고 부르면 아저씨에 대한 중요한 점이 돈뿐인 것 같아 모욕적인 호칭 같고요. 그래서 저는 아저씨를 '키다리 아저씨'라고 부르기로 했어요! 싫어하시지 않았으면 좋겠어요. '키다리 아저씨', 이건 이제부터 아저씨와 저만 아는 애칭이니 원장님께는 비밀로 해 주세요.

아, 10시를 알리는 종이 울려요. 이제 불을 꺼야겠어요. 아저씨도 안녕히 주무세요.

제루샤 애벗 올림

『키다리 아저씨』 (1912년), 진 웹스터 지음

존 그리어 고아원에서 지내던 소녀 제루샤 애벗이 얼굴도 모르는 자신의 후원자인 키다리 아저씨에게 대학 생활 동안 편지를 보내는 내용의 이야기입니다. 이 장면은 제루샤가 후원자 아저씨에게 자신이 새로 정한 '키다리 아저씨'라는 애칭에 관해 이야기하는 부분입니다.

1. 다음 중 '후원'과 뜻이 같지 않은 낱말을 고르세요.

① 뒷받침　② 청원　③ 지원　④ 원조

2. '키다리 아저씨'는 제루샤가 지은 별명이지요. 키다리 아저씨의 진짜 이름은 무엇인지 글 속에서 찾아 쓰세요.

3. 다음 중 이 글의 내용과 다른 것을 고르세요.

① 제루샤는 고아원에서 자랐다.

② 원장님은 키다리 아저씨에게 공손한 태도를 가지라고 제루샤에게 말했다.

③ 키다리 아저씨는 여자아이를 싫어한다.

④ 제루샤는 대학에 오기 전에 딱 한 번 키다리 아저씨를 만났다.

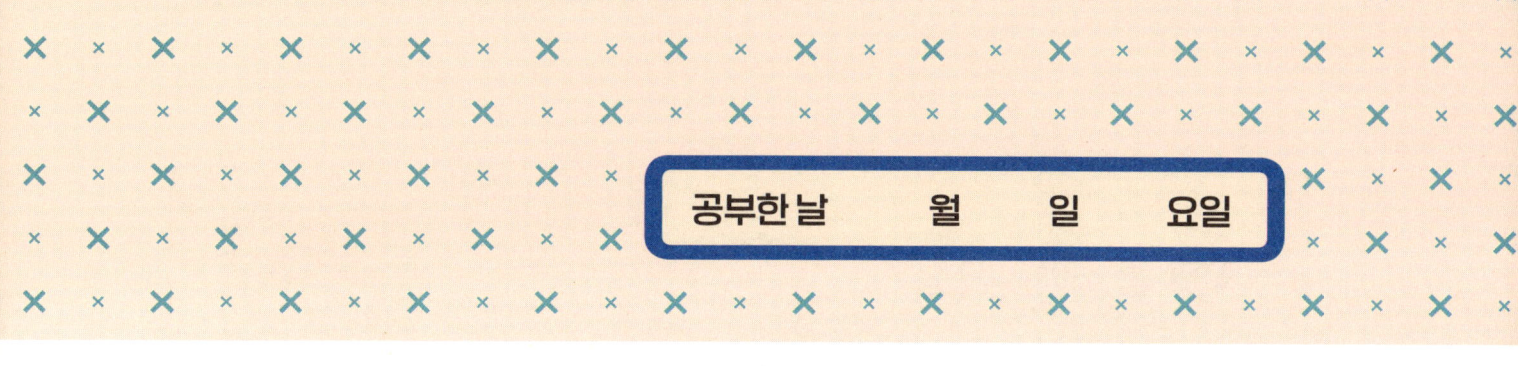

4. 제루샤가 자신의 후원자에게 편지를 쓰면서 별명을 만든 이유는 무엇일까요?

① 공손하게 부르고 싶어서

② 후원자가 별명을 지어 달라고 해서

③ 친근하게 부르고 싶어서

④ 짧고 간단하게 쓰고 싶어서

5. 밑줄 친 곳에 알맞은 말을 넣어 이야기 내용을 간추려 보세요.

> _____에 도착한 제루샤는 자신을 후원해 주는 _____씨에게 인사를 드리기 위해 편지를 썼다. 앞으로 후원자를 친근하게 부르고 싶다며, 키가 크다고 들었으니 _____라고 부르겠다고 했다.

02 톰 소여의 모험
영광스러운 페인트칠

톰은 하얀 페인트통과 긴 손잡이가 달린 솔을 들고 나와 울타리를 한번 훑어보았다. 한숨이 저절로 나왔다. 울타리는 3미터도 넘는 높이에 폭이 30미터나 되었다. 톰은 페인트통에 솔을 담갔다가 울타리 꼭대기부터 칠하기 시작했다. 한참 동안 칠하고 또 칠했지만, 칠한 부분에 비하면 남아 있는 부분은 거대한 대륙처럼 보였다. 그때 짐이 양동이를 들고 나오는 것이 보였다. 톰이 짐에게 말했다.

"이봐, 짐, 나 대신 페인트칠을 좀 해주면 내가 물을 길어다 줄게."

짐은 고개를 가로저으며 말했다.

"그럴 수 없어요, 톰 도련님. 도련님이 페인트칠을 잘하고 있는지 마님이 보러 나오실 거예요."

그 말이 끝나기도 전에 폴리 이모가 나타났고, 짐은 도망치듯 가버렸다. 하는 수 없이 톰은 다시 열심히 울타리를 칠했다. 그러나 곧 지겨워졌다. 온갖 신나는 일들을 떠올려 보았지만 그럴수록 더 비참한 생각이 들었다. 그때 갑자기 근사한 생각이 떠올랐다!

톰은 천연덕스러운 표정으로 페인트칠을 하기 시작했다. 때마침 벤 로저스가 사과를 먹으며 발걸음도 가볍게 걸어오고 있었다. 톰은 일부러 벤에게 눈길 한번 주지 않고 열심히 페인트칠을 했다. 벤은 톰에게 놀리듯이 말했다.

"야! 너 꼼짝없이 걸렸구나!"

톰은 아무 대답도 하지 않았다. 마치 예술가가 작품을 감상하듯 방금 칠한 부분을 살펴본 후 다시 한번 칠하고는 같은 부분을 또 바라보았다. 벤이 톰 옆으로 다가왔다.

"톰, 너 이모에게 붙잡혀서 일하고 있구나?"

"이건 일이 아니야. 나 같은 어린애가 울타리에 페인트칠할 기회가 흔한 줄 아니?"

톰은 정성스레 울타리를 칠하고는 또 한 발짝 뒤로 물러서서 방금 칠한 곳을 감상했다.

그 모습을 유심히 지켜보던 벤은 흥미가 생겨 말했다.

"톰, 나도 한 번만 해 보자."

톰은 곰곰이 생각하는 척하더니 안 된다고 했다.

"벤, 폴리 이모는 이 울타리를 아주 특별하게 생각하시거든. 특별히 신경 써야 하는 길가 쪽 울타리를 아무에게나 맡길 수 없지. 뒤뜰 울타리도 아니고."

"야, 그러지 말고 한 번만 해 보자. 조금만 칠해 볼게."

톰은 영 못마땅하다는 표정을 지으며 벤에게 솔을 건넸다.

이후로 톰은 나무 그늘에 앉아 벤이 준 사과를 먹으며 지나가는 순진한 아이들에게 차례로 솔을 넘겨주었다.

작품정보

『톰 소여의 모험』 (1876년), 마크 트웨인 지음

상상력이 풍부하고 활발한 개구쟁이 소년 톰 소여와 그 친구들이 펼치는 흥미진진한 모험 이야기입니다. 이 장면은 톰이 하기 싫은 페인트칠을 매우 재미있는 일처럼 보이게 하여 다른 친구에게 떠넘기는 부분입니다.

1. 다음 중 '천연덕스럽다'와 뜻이 다른 낱말을 고르세요.

① 자연스럽다 ② 꾸밈없다 ③ 능청스럽다 ④ 촌스럽다

2. 톰이 하기 싫어서 남에게 미루려 했던 일은 무엇인가요?

3. 다음 일들이 일어난 순서대로 ( ) 안에 번호를 써 보세요.

① 아이들이 페인트칠을 했다. (   )

② 짐이 톰의 부탁을 거절했다. (   )

③ 폴리 이모가 나와 톰을 감시했다. (   )

④ 톰이 페인트통과 솔을 들고 나왔다. (   )

⑤ 벤이 톰을 놀리려고 했다. (   )

4. 글을 통해 알 수 있는 톰의 성격을 다음 중에서 고르세요.

① 부지런하다   ② 정직하다   ③ 영리하다   ④ 무모하다

5. 밑줄 친 곳에 알맞은 말을 넣어 이야기 내용을 간추려 보세요.

> 톰은 이모가 시킨 _____을 하기 싫어서 짐에게 서로 일을 바꾸자고 제안했지만 뜻대로 되지 않았다. 마지못해 울타리를 칠하던 톰에게 좋은 생각이 떠올랐을 때 마침 지나가던 _____이 톰이 일하는 것을 보고 _____를 주며 한 번만 해 보겠다고 했고, 차례로 톰의 꾀에 넘어간 다른 _____ 친구들이 페인트칠을 하고 싶어 해서 톰은 일을 하지 않아도 되었다.

03 사랑의 학교
밤마다 이름 쓰는 소년

　히울리오의 집은 가난했다. 식구는 많고 철도 공무원인 아버지의 봉급은 얼마 되지 않았기 때문이다. 히울리오의 아버지는 아들을 무척 사랑하고 자상했지만 초등학교 4학년인 히울리오의 학교 공부와 관련된 일에는 관대하지 않았다. 이 집의 장남인 히울리오가 열심히 공부해 빨리 좋은 직업을 갖길 원했기 때문이었다. 그래서 히울리오도 열심히 공부했고 아버지는 그런 아들을 계속 다그쳤다.

　소년의 아버지는 기차역에서 하는 일을 마친 뒤에도 여기저기서 다른 일을 얻어왔다. 최근에는 한 출판사에서 일을 받아왔다. 띠지에 정기 구독자의 주소와 이름을 적는 일이었다. 오백 장을 쓰면 3리라를 받는다고 했다. 아버지는 이 일 때문에 항상 피곤해했다. 이 일을 하느라 점점 눈이 침침해지고 죽을 것 같다는 말까지 했다. 안타까운 마음에 히울리오가 도와드리겠다고 했지만 아버지는 학교 공부가 훨씬 더 중요하다며 절대 손대지 못하게 했다.

　히울리오는 아버지가 띠지에 글씨 쓰는 일을 마치는 열두 시까지 기다렸다가 아버지가 잠든 후 조용히 작업방에 가서 글씨를 썼다. 아버지 글씨체를 흉내 내서 말이다. 첫날엔 백육십 장이나 썼다. 다음 날 아버지는 전혀 눈치채지 못하셨고 오히려 자신이 지난밤에 일을 많이 해냈다고 뿌듯해하기까지 했다. 히울리오도 마음속으로 기뻤다.

그런데 히울리오는 매일 밤 띠지에 글씨를 쓰느라 잠이 부족했다. 그러자 학교 숙제를 제대로 해가지 못할 때도 있었고 점점 학과 공부를 게을리하게 되었다. 아버지는 그런 히울리오가 못마땅해 심하게 꾸짖었다. 그래도 띠지 쓰는 일을 멈출 수 없었던 히울리오는 아버지에게 사실을 말하고 싶었지만 출판사에서 받은 돈을 보고 기뻐하는 아버지를 보면 차마 그럴 수 없었다.

그날 밤에도 소년은 띠지에 주소와 이름을 쓰고 있었다. 그러는 동안 잠에서 깬 아버지는 소년의 뒤에 서 있었다. 아버지는 아들이 하는 일을 보고만 있었다. 뭔가 이상하다는 것을 눈치챈 소년은 아버지를 발견했고 너무 당황해서 떨리는 목소리로 외쳤다.

"오, 아빠! 용서해 주세요. 잘못했어요!"

소년은 울며 애원했다.

아버지는 울고 있는 아들에게 다가가며 말했다.

"아니다, 히울리오. 용서받아야 할 사람은 바로 나란다. 이리 오너라, 소중한 내 아들!"

『사랑의 학교』 (1886년), 에드몬도 데 아미치스 지음

이탈리아의 초등학교 4학년생인 엔리코가 학교와 집에서 있었던 일을 적은 일기 형식의 이야기입니다. 이 이야기는 가난한 소년 히울리오가 아버지를 돕기 위해 밤마다 아버지의 일을 대신하다가 아버지에게 들키는 장면입니다.

1. 다음 중 '봉급'과 뜻이 다른 낱말을 고르세요.

① 월급 ② 급여 ③ 공급 ④ 임금

2. 히울리오가 아버지를 대신해서 한 일은 무엇인가요?

3. 다음 중 이 글의 내용과 맞지 않는 것을 고르세요.

① 히울리오는 아버지와 단둘이 살았다.

② 아버지는 히울리오가 열심히 공부하기를 바랐다.

③ 히울리오는 점점 공부를 게을리하게 되었다.

④ 아버지는 히울리오가 밤에 몰래 일하는 것을 알게 되었다.

4. 다음 문장에서 알맞은 말을 골라 O표 하세요.

> 히울리오의 아버지는 아들에게 (엄격했지만 / 자상했지만) 학교 공부와 관련해서는 (엄격했어요 / 관대했어요).

5. 밑줄 친 곳에 알맞은 말을 넣어 이야기 내용을 간추려 보세요.

> 가난하지만 착한 소년 히울리오는 아버지를 돕기 위해 밤마다 몰래 띠지에 _____와 _____을 쓰는 일을 했다. 잠이 부족해진 히울리오가 _____를 게을리하자 아버지는 화를 냈지만 모든 사실을 알게 되어 히울리오에게 _____를 구했다.

04 행복한 왕자
모든 것을 다 주는 왕자

　도시의 높은 기둥 위에 서 있는 행복한 왕자의 동상은 이제 아무것도 볼 수 없었다. 칼자루에 박혀 있던 루비뿐 아니라 두 눈 속에 들어 있던 사파이어까지 가난한 예술가와 성냥팔이 소녀에게 주었기 때문이다. 보석들을 가난한 사람들에게 가져다주는 심부름을 했던 제비는 앞을 못 보는 왕자의 곁을 떠날 수 없었다. 제비의 친구들은 모두 겨울이 시작될 무렵 따뜻한 이집트로 떠났지만, 제비는 혼자 남았다. 날은 점점 추워지고 있었지만 제비는 하루 종일 행복한 왕자의 어깨 위에 앉아 낯선 땅에서 본 것을 이야기해 주었다.

　나일강에서 금붕어를 잡아먹는 빨간 따오기들 이야기, 이 세상 나이만큼이나 오래 살아 모든 일을 알고 있는 스핑크스 이야기, 야자수 위에 사는 푸른 왕뱀 이야기도 들려주었다.

　"사랑스러운 제비야, 네가 들려주는 이야기는 정말 놀랍구나. 하지만 이 세상에서 가장 놀라운 이야기는 고통받는 사람들 이야기란다. 작은 제비야, 이 도시를 날아다니며 네가 본 것을 내게 말해 주겠니?"

　제비는 도시 곳곳을 날아다녔다. 제비는 부자들이 멋진 집에서 즐겁게 지내는 동안 그 집 대문 앞에 앉아 있는 창백한 얼굴의 거지들을 보았다. 아치 모양의 다리 밑에서는 남자아이 둘이 추위에 떨며 서로 부둥켜안고 있었다.

"너무 배고파."

아이들이 말했다. 그러나 어디선가 나타난 경비원이

"이 녀석들, 여기 누워서 자면 안 돼!"

하고 소리치는 바람에 다리 밑에서 나와 비가 내리는 거리를 헤매야 했다.

제비는 왕자에게 자기가 본 이런 일들을 모두 이야기해 주었다.

"제비야, 내 몸에 덮여 있는 순금을 한 조각 한 조각 떼어다가 그 가난한 사람들에게 나누어 줘. 사람들은 금만 있으면 행복해진다고 생각하거든."

제비는 왕자의 말대로 왕자의 몸에서 금을 조각조각 떼어냈다. 그러자 행복한 왕자의 동상은 보기 싫은 잿빛 동상이 되고 말았다.

제비는 금 조각을 가난한 사람들에게 나누어 주었다. 창백하던 아이들의 뺨이 장밋빛으로 변하고, 아이들은 길가에서 웃으며 뛰어놀았다. 아이들이 외쳤다.

"이제 우리도 밥을 먹을 수 있게 됐어!"

작품정보

『행복한 왕자』 (1888년), 오스카 와일드 지음

동상이 된 왕자가 자신이 몸에 지니고 있던 보석과 금을 가난한 사람들에게 나누어 주는 이야기입니다. 이 장면은 왕자 곁에 남기로 결심한 제비가 왕자를 계속 도와 가난한 사람들에게 금 조각을 나누어 주는 부분입니다.

1. 다음 중 '경비원'에서 '원'과 다른 뜻으로 쓰인 낱말을 고르세요.

　① 공무원　② 연구원　③ 사무원　④ 동물원

2. 이 글을 통해 알 수 있는 행복한 왕자의 성격을 고르세요.

　① 호기심이 많다　② 욕심이 많다　③ 동정심이 많다　④ 게으르다

3. 다음 문장에 알맞은 낱말을 보기에서 골라 쓰세요.

> **보기**
> 금　루비　사파이어　이집트　스핑크스　도시

　① 왕자의 두 눈 속에는 (　　　　)가 들어 있었다.

　② 제비의 친구들은 겨울 추위를 피해 (　　　　)로 떠났다.

　③ 제비는 왕자의 말대로 (　　　　) 조각을 사람들에게 나눠 주었다.

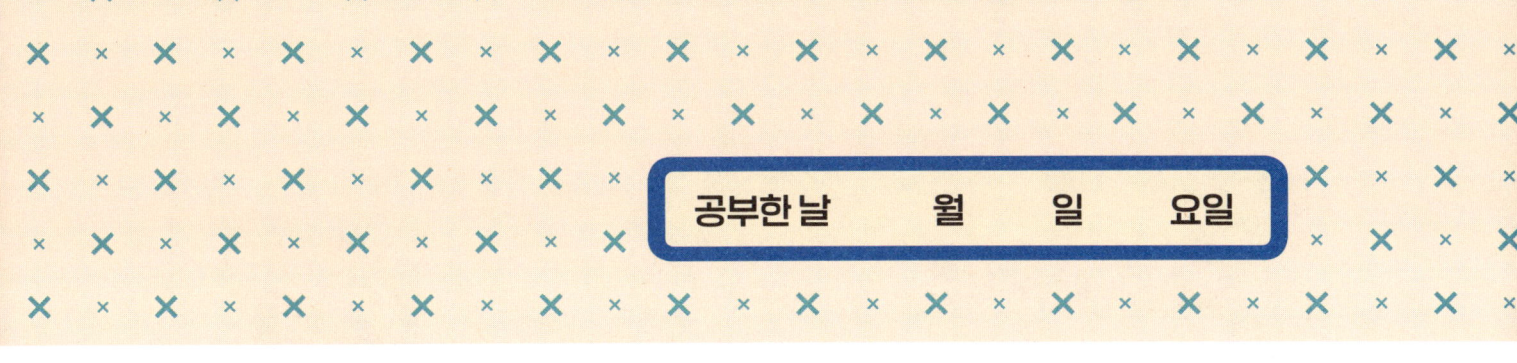

4. 다음 중 제비가 왕자 곁에 남기로 결심한 까닭을 모두 고르세요.

① 앞을 못 보는 왕자가 외로울 것 같아서

② 이집트로 간 친구들이 곧 돌아올 테니까

③ 왕자가 자신에게 금을 주어서

④ 왕자를 도와 가난한 사람들을 보살펴주고 싶어서

5. 밑줄 친 곳에 알맞은 말을 넣어 이야기 내용을 간추려 보세요.

가난한 사람들에게 사파이어로 된 _____을 내어준 행복한 왕자가 앞을 못 보게 되자 _____는 이집트로 떠나지 않고 왕자 곁에 남는다. 제비가 들려주는 _____ 사람들 이야기를 들은 왕자는 제비에게 자기 몸에 입혀진 _____을 떼어 나누어 주라고 한다. 그것을 받은 가난한 아이들이 기뻐한다.

05 베니스의 상인
목숨을 구한 판결

베니스(베네치아)의 한 재판정, 사람들은 모두 재판관의 마지막 판결을 기다리고 있었다. 안토니오는 자신의 살 1파운드를 샤일록에게 베어 줄 위기에 처했다. 샤일록에게 빌린 돈을 약속한 날짜에 갚지 못했기 때문이었다. 샤일록은 돈을 빌려줄 때 쓴 차용증서에 만약 돈을 제때에 갚지 못하면 안토니오의 심장 쪽 살을 1파운드를 내놓아야 한다고 적었다. 안토니오를 싫어했던 샤일록이 그처럼 괴상한 요구를 했지만 돈을 갚을 자신이 있던 안토니오는 그 조항을 대수롭지 않게 생각했던 것이다.

안토니오의 친구 바사니오는 재판관에게 친구를 살려달라고 애원했다. 그러자 재판관은 샤일록에게 돈으로 돌려받는 것이 어떻겠냐고 다시 한번 물었다. 그러나 샤일록은 거절했다. 차용증서 내용을 강조하면서 정당한 계약이었으므로 법대로 판결해 달라고 했다. 그 말을 듣고 재판관은 단호하게 말했다.

"샤일록은 법에 따라 차용증서에 적힌 대로 안토니오의 살을 가져갈 수 있습니다."

샤일록은 지혜로운 판결이라며 재판관을 칭송한 후 날카로운 칼을 들고 안토니오에게 다가갔다. 죽음을 앞둔 안토니오는 재

판정에 온 친구들에게 마지막 인사를 했다. 그때 재판관이 나서며 샤일록에게 말했다.

"다만 한 가지 조건이 있습니다. 이 차용증서에 의하면 '살 1파운드'라고만 적혀 있습니다. 그러니 샤일록은 안토니오의 살을 가질 권리는 있으나 피를 흘리게 해서는 안 됩니다. 만약 살을 베다가 피를 한 방울이라도 흐르게 한다면 당신은 재판에 지게 됩니다. 더불어 당신의 땅과 재산은 모두 나라의 것이 됩니다. 잔인한 계략으로 시민의 목숨을 협박한 죄가 크기 때문입니다."

살을 베어내면서 피가 한 방울도 흐르지 않게 한다는 것은 불가능한 일이다. 결국 샤일록은 재판에 지고 말았다. 사실 이 재판장은 바사니오의 아내 포샤였다. 남편의 친구 안토니오가 남편을 돕다 위기에 처한 것을 알고 재판장으로 변장한 것이었다. 포샤의 지혜와 용기 덕분에 안토니오는 목숨을 구할 수 있었다.

작품정보

『베니스의 상인』 (1598년), 윌리엄 셰익스피어 지음

지독한 유대인에게 큰 빚을 져 위기에 몰린 베니스의 상인 안토니오의 이야기입니다. 이 장면은 위기에 처한 안토니오에게 포샤의 지혜로운 판결이 내려지는 상황입니다.

1. 다음 중 '계략'과 뜻이 다른 낱말을 고르세요.

① 생략　② 책략　③ 계책　④ 계교

2. 이야기 속에 등장하는 인물과 그 인물에 대한 설명을 줄로 이어주세요.

① 안토니오　·　　·㉠ 안토니오에게 돈을 빌려준 사람

② 샤일록　·　　·㉡ 재판장이자 바사니오의 아내

③ 포샤　·　　·㉢ 안토니오의 친구

④ 바사니오　·　　·㉣ 재판정에서 목숨을 잃을 위기에 놓인 사람

3. 다음 중 이 글의 내용에 맞는 것을 고르세요.

① 안토니오는 샤일록의 살 1파운드를 베려 한다.

② 샤일록은 차용 증서는 중요한 것이 아니라고 생각한다.

③ 바사니오는 원래 안토니오를 싫어했다.

④ 재판장은 안토니오의 목숨을 구했다.

| 공부한날 | 월 | 일 | 요일 |

4. 다음은 재판관 포샤의 판결 내용입니다. 빈칸에 알맞은 낱말을 쓰세요.

> 샤일록은 □□□□에 적힌 대로 안토니오의 살 1파운드를 가져갈 수 있다. 그러나 살을 베다가 □를 흘리게 하면 □과 □□을 나라에 빼앗기게 될 것이다.

5. 밑줄 친 곳에 알맞은 말을 넣어 이야기 내용을 간추려 보세요.

> _____에게 빌린 돈을 제날짜에 갚지 못한 _____는 재판정에서 죽을 위기를 맞이했다. 그러나 재판관 _____는 샤일록에게 ____를 흘리지 않도록 ____을 베라고 판결해 안토니오의 목숨을 구했다.

베니스의 상인

고전 속으로

1. 『키다리 아저씨』

미국의 소설가 진 웹스터의 작품. 웹스터는 출판사를 운영하는 아버지와 유명 작가 마크 트웨인의 조카인 어머니 사이에서 1876년에 태어났다. 지적이고 풍족한 환경에서 자란 그녀는 대학에서 영문학과 경제학을 전공하면서 교내 신문사와 잡지 등에 소설과 시, 수필을 발표해 재능을 인정받았다. 경제학과 사회학 공부를 위해 교도소와 소년원, 고아원 등을 견학할 기회가 많았고 이러한 경험이 『키다리 아저씨』를 집필하는 바탕이 되었다. 이 책은 한 고아 소녀가 4년의 대학 생활 동안 이름도 모르는 후원자에게 키다리 아저씨라는 별명을 붙여 자신의 일상을 공유하는 편지 형식으로 이루어져 있다. 출간과 동시에 베스트셀러가 되었으며, 뜨거운 인기를 얻었다. 웹스터는 실제로 고아원과 교도소의 처우 개선에 힘쓰기도 했다. 『키다리 아저씨』는 1912년에 출간된 이후 애니메이션, 뮤지컬 등을 통해 다양하게 재해석되고 있다. 특히 '보이지 않는 곳에서 나를 도와주는 존재'인 키다리 아저씨는 하나의 아이콘이 되어, 드라마와 영화 등 여러 장르에서 이를 모티브로 활용하고 있다.

2. 『톰 소여의 모험』

마크 트웨인이 1876년에 발표한 소설. 뒤를 이은 작품인 『허클베리 핀의 모험』과 더불어 미국 문학의 대표작에서 빠지지 않는 소설이다. 19세기 미국 남부 미주리주 상상의 마을인 세인트 피터즈버그를 배경으로 펼쳐지는 어린아이들의 신나는 모험과 그 안에서 일어나는 갖가지 사건들을 다룬다. 트웨인은 그

속에서 인간 사회의 위선을 풍자하고 자연의 위대함을 노래하며 어린아이들의 순수함을 예찬하고 있다. 작가는 서문에서 이렇게 말했다.

"책에 쓰인 대부분의 모험은 실제로 있었던 일이다. 한두 가지는 내가 직접 겪었던 것이고 나머지는 내 학교 동창들이 겪은 것이다. 허클베리 핀과 톰 소여는 모두 살아있는 사람을 모델로 두고 구상했다. 톰의 경우에는 내가 알고 있는 세 명의 소년들을 바탕으로 인물의 성격을 구성했다. 그러니까 톰은 여러 인물을 조합하여 만든 허구의 인물이다. 이야기 속에 나오는 이상한 미신들은 모두 이 이야기의 배경이 되는 시기에 서부의 아이들과 노예들 사이에서 널리 떠돌던 것들이다. 비록 이 책이 주로 소년 소녀를 위해 쓰인 것이기는 하지만, 나는 성인 남녀도 즐길 수 있도록 노력했다."

3. 『사랑의 학교』

이탈리아의 작가 에드몬도 데 아미치스가 1886년에 발표한 작품이다. 콜로디가 쓴 『피노키오』와 더불어 19세기 이탈리아 아동 문학의 2대 명작으로 꼽힌다. 원제목 쿠오레(Cuore)는 이탈리아어로 마음, 심장을 뜻한다.

초등학교 4학년인 엔리코가 학교와 가정에서 있었던 여러 가지 일들을 1년 동안 일기에 적어가는 형식을 취하고 있다. 자상한 페르보니 선생님과 우등생 반장 데로시, 정의감 넘치는 갈로네, 셈이 빠른 가로피와 몸이 불편해도 밝은 넬로, 부지런한 코레티와 마음씨 착한 프레코시 등 엔리코의 소중한 친구들이 등장한다. 엔리코는 일기에 선생님의 가르침과 아버지의 조언, 친구들의 따뜻한 마음들을 새겨 넣으면서 굳은 다짐을 하기도 하고 반성하기도 하며 성장해 나간다. 조국과 민족에 대한 사랑이 짙게 배어있는 작품이다.

4. 『행복한 왕자』

'셰익스피어 다음으로 가장 많이 읽히는 작가'라고 불리는 오스카 와일드의 작품 중에서 가장 아름답고 인기 많은 작품이다. 자신의 두 아이에게 들려주기 위해 오스카 와일드가 쓴 『행복한 왕자』는 백여 년이 훌쩍 지난 오늘날까지도 많은 사람에게 사랑받고 있다.

　사는 동안 모든 것을 누렸던 왕자는 죽어서 순금과 보석으로 온몸을 치장했지만, 이 모든 것을 아낌없이 내어놓는다. 제비 또한 처음에는 이집트로 떠나려고 했지만, 마지막까지 왕자의 곁을 지킨다. 행복한 왕자와 제비가 가난한 사람들에게 베푼 동정과 사랑은 나눔을 넘어선 희생으로 연결된다.

　오스카 와일드는 '내 작품은 아이들과, 아이 같은 마음을 지닌 모든 사람을 위한 이야기이다.'라고 하였다. 19세기를 살아가는 인간과 그 사회의 빛과 어둠을 적나라하게 드러내, 부와 화려함 뒤에 숨겨진 가난과 고통을 보여주며, 어린이와 성인 모두에게 깊은 메시지와 교훈을 주는 작품이다.

5. 『베니스의 상인』

윌리엄 셰익스피어의 대표 희곡 중 하나이다. 어릴 적 셰익스피어는 주로 성경과 고전을 통해 읽기와 쓰기를 배웠고, 라틴어 격언도 암송하곤 했다. 대학 교육을 전혀 받지 못했지만 타고난 언어 구사 능력과 무대예술에 대한 천부적인 감각, 다양한 경험, 인간에 대한 깊은 이해력은 그를 위대한 작가로 만들어 주었다.

『베니스의 상인』은 유럽의 부유한 도시 베니스를 배경으로 돈과 명예, 젊은 이들의 사랑과 우정, 법률과 유대인 문제 등을 조명하고 있다. 작품은 부당한 차별 대우의 끝에서 미움과 복수심에 지배당한 샤일록, 우정과 사랑을 두고 목숨을 담보로 한 위험한 계약을 감행하는 안토니오와 바사니오, 포샤의 일대 모험을 그린다. 『베니스의 상인』은 당시 사회의 종교적, 인종적 문제들과 그런 시대상을 집약시킨 인물이라 할 수 있는 상인 '샤일록'으로 많은 독자에게 기억되고 있다. 샤일록은 상업이 강성하고 종교와 인종의 문제가 사회적으로 대두되었던 1596년 당시의 시대 상황을 충실하게 반영하는 인물이다. 셰익스피어는 압도적인 설득력을 바탕으로 이야기를 풀어가며 유대인 고리대금업자 샤일록을 영원히 잊히지 않을 캐릭터로 완성해냈다.

글쓰기 연습 1

편지글 쓰기

『키다리 아저씨』의 주인공 제루샤 애벗처럼 편지글을 써 봅시다.
고마운 사람에게 감사 편지를 써 볼까요?
친구나 형제, 부모님이나 선생님 등 고마운 사람을 떠올려서 편지글을 써 보세요.

편지글은 어떻게 쓸까요?

다양한 형식으로 쓸 수 있지만 보통은 아래의 일곱 가지를 꼭 씁니다. (예시글)을 참고해 다음 쪽에 편지글을 써 보세요.

1. 받는 사람
후원자님께

2. 인사와 안부(또는 자기 소개)
안녕하세요, 저는 제루샤 애벗입니다. 저는 대학에 와서 대학 생활에 적응하고 있어요.

3. 편지를 쓰게 된 까닭
후원자님께 감사한 마음을 전하고 싶어서 이렇게 편지를 드리게 되었습니다.

4. 하고 싶은 말(자세히)
후원자님께서 저를 후원해 주신 덕분에 대학까지 오게 되었어요. ……

5. 인사
다음 편지에 또 소식 전하겠습니다. 안녕히 계세요.

6. 보내는 날짜   20○○년 ○월 ○일

7. 보내는 사람   제루샤 애벗 올림

Week 2

이상한 나라의 앨리스
정글 북
걸리버 여행기
안네의 일기
레 미제라블

06 이상한 나라의 앨리스
내 몸이 이상해

 강가에 앉아 따분해하던 앨리스는 양복 조끼 주머니에서 시계를 꺼내 보며 뛰어가는 토끼를 보았다. 그 토끼를 따라 토끼 굴에 들어간 앨리스는 그만 깊은 구멍에 빠지고 말았다. 끝없이 이어지던 구멍에는 다행히 바닥이 있었다. 앨리스는 천장이 낮고 기다란 공간에 떨어졌다.

 정신을 차리고 주위를 둘러보니 여러 개의 문이 있었다. 조그만 탁자도 있었는데 그 위에는 황금 열쇠가 있었다. 앨리스는 문마다 열쇠를 꽂아 보았지만 어느 문에도 맞지 않았다. 그런데 커튼 뒤에 가려져 있던 작은 문에는 황금 열쇠가 꼭 맞았다. 문을 열고 들여다보니 아름다운 정원이 보였다. 그러나 문이 너무 작아서 앨리스의 머리조차 통과할 수 없었다.

 "저 밝은 정원 사이를 걸어보고 싶어!"

 그때 갑자기 이상하게도, 열쇠밖에 없던 탁자 위에 '나를 마셔요'라고 쓰인 작은 병이 보였다. 앨리스는 병에 들어있던 것을 한 번에 마셔 버렸다.

 "어, 이상하다. 내 키가 점점 작아지고 있어!"

 키가 작아진 앨리스는 아까 그 작은 문을 향해 달려갔다. 하지만 앨리스는 깜

빡 잊고 있었다. 앨리스는 아까 그 문을 열고 정원을 본 뒤 문을 다시 잠그고 열쇠를 탁자 위에 올려 두었던 것이다. 황금 열쇠가 기억난 앨리스는 다시 탁자로 돌아갔다. 그러나 너무 작아진 앨리스는 탁자 위의 열쇠를 집을 수 없었다.

안타까워하는 앨리스의 눈앞에 갑자기 작은 상자가 보였다. 이것도 이상한 일이었지만 상자 속에는 '나를 먹어요'라고 쓰인 작은 케이크가 들어 있었다. 잠시 망설이던 앨리스는 케이크를 조금 먹어 보았다. 아무 일도 일어나지 않았다. 그래서 앨리스는 케이크를 몽땅 다 먹어 버렸다. 그러자 앨리스의 키가 다시 커지기 시작했다. 앨리스는 놀라 소리쳤다.

"세상에, 점점 기가 막히는 일들이 벌어지네. 이제는 내가 세상에서 가장 커다란 망원경처럼 커지고 있잖아. 안녕, 내 발들아!"

앨리스는 자기 발을 내려다보았지만 눈에서 점점 멀어져 거의 보이지 않았다.

작품 정보

『이상한 나라의 앨리스』 (1865년), 루이스 캐럴 지음

호기심 많은 소녀 앨리스가 토끼를 따라 들어간 이상한 나라에서 겪는 흥미진진한 이야기가 펼쳐집니다. 이 글은 앨리스가 음료와 케이크를 먹고 몸이 커졌다 작아졌다 하자 놀라고 있는 장면입니다.

1. 다음 중 '따분하다'와 뜻이 다른 낱말을 고르세요.

① 심심하다   ② 분주하다   ③ 지루하다   ④ 답답하다

2. 다음 문장이 뜻하는 것은 무엇인지 고르세요.

> 앨리스는 자기 발을 내려다보았지만 눈에서 점점 멀어져 거의 보이지 않았다.

① 앨리스의 발이 점점 커지고 있다.

② 앨리스의 눈이 점점 나빠지고 있다.

③ 앨리스의 몸이 하늘 높이 올라가고 있다.

④ 앨리스의 몸이 커져서 발과 눈의 거리가 멀어지고 있다.

3. 다음 중 이야기의 내용과 맞지 않는 것을 고르세요.

① 토끼는 시계를 보며 뛰어갔다.

② 황금 열쇠는 탁자 위에 있었다.

③ 황금 열쇠가 맞는 문이 하나 있었다.

④ 앨리스는 망설이다가 케이크를 먹지 않았다.

4. 앨리스의 성격을 알 수 있는 표현이 아닌 것을 고르세요.

① 처음 보는 토끼를 따라간다.

② 병에 든 것을 마셨더니 키가 점점 작아진다.

③ 나올 방법은 생각하지 않고 토끼 굴에 들어간다.

④ '나를 마셔요'라고 쓰여 있는 것을 보고 병 속의 내용물을 마신다.

5. 밑줄 친 곳에 알맞은 말을 넣어 이야기 내용을 간추려 보세요.

> _____를 따라 토끼 굴로 들어간 앨리스는 작은 문 너머의 _____으로 가보고 싶었다. 앨리스는 _____위에 놓인 병에 든 것을 마시고 키가 작아졌다가 작은 상자 속에 든 _____를 먹고 다시 키가 커졌다.

07 정글 북
늑대들의 부족 회의

어느 날 밤, 한쪽 다리를 절름거리는 호랑이 시어칸은 인간 사냥에 나섰다. 그런데 시어칸이 놓친 인간 아기 하나가 늑대 굴로 기어들어 갔다. 아기를 본 어머니 늑대가 말했다.

"완전히 벌거벗었네. 귀엽기도 하지. 우리 새끼들과 함께 젖을 빨고 있어요, 여보! 우리가 이 아이를 키울까요?"

"우리 부족에게는 그런 일은 없었는데……. 이 아이 좀 봐, 우리를 무서워하지도 않는군."

아버지 늑대도 인간의 아기가 밉지 않았다. 그래서 아기를 내놓으라는 시어칸의 요구를 한마디로 거절했다. 무슨 일이 생기더라도 인간의 아기를 지켜주고 싶었기 때문이다.

늑대들에게는 새끼를 낳으면 부족 늑대들에게 보여야 하는 규칙이 있었다. 어머니 늑대와 아버지 늑대는 아기에게 모글리(늑대들의 말로 개구리)라는 이름을 지어주고, 얼마 후 늑대 부족 회의에 데리고 나갔다.

용맹과 지혜로 부족을 이끄는 잿빛 늑대 아킬라는 지도자의 바위 위에 엎드려 있었고, 새로 태어난 새끼 늑대들은 부모와 어른 늑대들이 둥글게 둘러앉은 한가운데에서 서로 뒤엉켜 장난을 치고 있었다. 아킬라는 자리에서 일어서며 늑대들에게 외쳤다.

"새끼들을 잘 살펴보거라!"

아버지 늑대는 모글리를 한가운데로 보냈다. 인간에 대해 잘 아는 아킬라는 별말이 없었지만 갑자기 나타난 시어칸이 모글리는 자신이 사냥한 것이라며 내놓으라고 으르렁거렸다. 아킬라는 들은 척도 하지 않고 우리 일은 우리 스스로 결정하면 된다고 늑대들에게 말했다. 그때 젊은 늑대 하나가 말했다.

"정글법에 따르면 부족에서 새끼를 받아들일 때 한 늑대라도 문제를 제기하면 둘 이상의 늑대가 변호해야 새끼를 받아들일 수 있습니다."

이 말이 끝나자 정글법을 가르치는 갈색곰 발루는 자기가 사람의 아이를 잘 가르치겠다고 나섰다. 또 인간을 잘 아는 흑표범 바기라는 살찐 황소 한 마리를 대가로 줄 테니 아이를 받아들이라고 했다. 그러자 더 이상 모글리를 반대하는 늑대가 없었고, 아킬라는 모글리를 받아들이겠다고 선언했다.

작품정보

『정글 북』 (1894년), 조지프 러디어드 키플링 지음

늑대 무리에서 자란 인간 소년 모글리와 정글 친구들의 모험 이야기입니다. 이 장면은 우연히 정글에 들어온 인간 아기를 늑대 무리에 받아들일지 결정하기 위해 회의하는 상황입니다.

1. 다음 중 이 글에 쓰인 '부족'의 뜻과 다르게 쓰인 문장을 고르세요.

　① **부족** 사이의 갈등으로 전쟁이 일어났다.
　② 농촌의 일손 **부족**이 심각하다.
　③ **부족**마다 생활 방식이 다르다.
　④ 족장은 **부족**의 우두머리를 말한다.

2. 다음 문장에서 밑줄 친 '그런 일'은 어떤 일인가요?

> "우리 부족에게는 <u>그런 일</u>은 없었는데……. 이 아이 좀 봐, 우리를 무서워하지도 않는군."

　① 새끼들이 어미젖을 빠는 일
　② 시어칸의 요구를 거절하는 일
　③ 사람의 아기를 키우는 일
　④ 부족 회의에 새끼를 데려가는 일

3. 이야기의 내용으로 맞는 문장에는 O표, 틀린 문장에는 X표 하세요.

　① 인간을 놓친 시어칸은 늑대이다. (　　)
　② 아버지 늑대는 어머니 늑대의 의견에 반대하고 있다. (　　)

46　Week 2

③ 아킬라는 지혜롭고 용감한 늑대다. ( )

④ 늑대 부족은 모글리를 받아들였다. ( )

4. 다음은 늑대 부족의 회의 상황입니다. 빈칸에 알맞은 낱말을 넣어 보세요.

> 아버지 늑대가 부족 회의에서 늑대들에게 ☐☐☐를 선보임 → ☐☐☐가 부족 늑대들의 의견을 물음 → ☐☐☐이 모글리를 내놓으라고 함 → 젊은 늑대가 ☐☐의 법을 말함 → ☐☐와 ☐☐☐가 모글리를 변호해 줌 → 늑대들이 모글리를 받아들임

5. 밑줄 친 곳에 알맞은 말을 넣어 이야기 내용을 간추려 보세요.

> 우연히 늑대 굴에 들어온 _____의 아기를 키우기로 한 어머니 늑대와 아버지 늑대는 _____에 아기를 데리고 나갔다. 아기를 내놓으라는 _____의 요구가 있었지만 _____와 _____의 도움으로 아기는 늑대 무리에 받아들여졌다.

08 걸리버 여행기
릴리펏 왕의 걱정거리

 나는 그들이 준 포도주를 마시고 깊은 잠에 빠졌다. 포도주에 수면제가 들어있었던 것이다. 릴리펏 사람들은 잠든 나를 수레에 싣고 왕궁이 있는 수도로 향했다. 1,500필의 말이 끄는 수레는 내가 있던 바닷가에서 1,500미터나 떨어져 있는 수도에 도착했다. 길고 긴 여행이었다. 성문 앞에는 적어도 30만 명은 될 듯한 릴리펏 사람들이 '인간산'을 보기 위해 바글바글 모여 있었다.
 왕은 신하들과 함께 높은 탑 위에 올라가 오페라 안경으로 나를 관찰하고는 잠들어 있는 내 발에 족쇄를 채우라고 명령했다. 왕실의 기술자들이 내 발에 족쇄를 채우고 족쇄에 연결된 쇠사슬을 신전의 주춧돌 아래에 단단히 고정했다. 그제야 사람들은 내게 가까이 와 구경하기 시작했다.
 얼마 후 잠에서 깨어난 나는 높은 탑 위에 서 있는 남자가 왕인 것 같아 그에게 윙크를 했다. 그러자 왕은 하인들에게 나를 풀어주라고 명령했다. 족쇄에서 벗어난 내가 머리를 들자 왕이 인자한 얼굴로 나에게 한쪽 눈을 찡긋해 보였다. 그것을 본 사람들은 환호성을 터뜨렸다. 왕이 나에게 일어서라는 신호를 보내기에 우선 몸을 일으키고 앉아서 주위를 둘러보았다. 앉기만 했는데도 많은 여자가 공포에 휩싸여 정신을 잃고 쓰러졌다.
 나는 신전에서 생활하게 되었다. 대개는 발목에 쇠사슬을 차고 신전 둘레를 빙빙 돌며 산책하거나 잔디 위에 드러누워 일광욕을 했다. 언제나 내 주위에서는 수만 명쯤 되는 릴리펏 사람들이 나를 구경하고 있었다. 내가 위험한 거인이 아니며 내 머리카락 속에서 숨바꼭질하는 아이들에게도 너그럽게 대한다는 소문이 온 나라 안에 퍼졌다.

그러자 왕에게는 걱정거리가 생기기 시작했다. 모두 나를 구경하고 싶어 했기 때문이다. 농부들은 가을걷이를 하지 않고, 기술자들은 자기 일을 팽개쳤다. 장사꾼들은 가게 문을 닫고 학교 선생들도 학교를 빼 먹고 '인간산'을 보러 온 나라에서 몰려왔다. 결국 왕은 나를 두 번 이상 구경할 수 없다는 법을 만들었다. 법을 어긴 사람은 감옥에 가두었다. 그러나 곧 두 번째 걱정거리가 생겼다. 내가 밥 먹는 것을 구경하는 왕의 얼굴을 볼 때마다 그의 근심을 알 수 있었다. 나는 왕실 마부들이 무거운 짐을 실은 마차를 내 앞에 대면 마차째 집어 들고 먹을 것과 마실 것들을 입에 털어 넣었다. 어느 날, 결국 왕은 눈물까지 흘리며 말했다.

"친애하는 걸리버 선생, 그대는 너무 많이 먹고 너무 많이 마시오. 이렇게 가다가는 우리 국민들은 굶주림에 시달리게 될 거요."

나는 왕에게 내 잘못을 고치겠다고 말했다. 하지만 왕은 그것은 손님을 대접하는 예의에 어긋난다고 했다. 왕은 보름을 고민한 뒤 식료품 배급권을 만들어 냈다. 모든 국민은 고기, 빵, 치즈, 버터, 우유, 맥주, 포도주 등을 살 때 배급권을 내고 꼭 필요한 만큼만 얻어 갔다.

작품정보

『걸리버 여행기』 (1726년), 조너선 스위프트 지음

여행가를 꿈꾸던 의사 걸리버가 소인국과 거인국을 오가며 흥미로운 모험을 하게 된다는 이야기입니다. 이 부분은 소인국 릴리펏 왕국에 도착한 걸리버가 왕과 국민에게 사랑을 받지만, 국민의 지나친 관심과 걸리버의 엄청난 식사량 때문에 왕이 걱정하는 장면입니다.

1. '1,500필의 말'처럼 물건이나 동물을 세는 단위가 따로 있는 경우가 있습니다. 다음 중 잘못 쓰인 것을 고르세요.

   ① 시금치 두 **단**   ② 오토바이 세 **대**   ③ 고등어 네 **마리**   ④ 교복 다섯 **마**

2. 다음은 걸리버의 몸이 릴리펏 사람들보다 훨씬 크기 때문에 일어난 일들입니다. 빈칸에 알맞은 말을 넣어보세요.

   ① 사람들이 걸리버를 ☐☐☐이라고 불렀다.
   ② 누워 있다가 앉는 걸리버를 보고 여자들은 ☐☐에 휩싸였다.
   ③ 걸리버는 몸 크기에 맞는 집이 없어 ☐☐에서 생활하게 되었다.

3. 다음 중 이야기의 내용과 맞지 않는 것을 고르세요.

   ① 수도로 옮겨지기 전 걸리버는 산에 있었다.
   ② 왕은 신하들에게 잠든 걸리버에게 족쇄를 채우라고 했다.
   ③ 많은 사람이 걸리버를 보러 수도로 왔다.
   ④ 왕은 걸리버에게 손님 대접을 해주고 싶었다.

| 공부한날 | 월 | 일 | 요일 |

4. 다음은 릴리펏 왕의 걱정거리를 설명한 글입니다. 맞는 말을 골라 ○표 하세요.

> 왕은 너무 많은 사람이 (일 / 공부)을(를) 하지 않고 걸리버를 보러 오자 (2 / 3) 번 이상 걸리버를 보는 사람은 감옥에 가두었다. 또 걸리버 때문에 식량이 부족해지자 국민들에게 (식량 / 배급권)을 주었다.

5. 밑줄 친 곳에 알맞은 말을 넣어 이야기 내용을 간추려 보세요.

> 왕은 거대한 걸리버를 보고 처음에는 경계했지만, 걸리버가 위험하지 않다는 것을 알고는 _____에서 지낼 수 있게 해주었다. 그러나 너무 많은 사람이 걸리버를 구경하느라 _____을 안 하고, 걸리버에게 먹을 것을 대접하느라 _____이 부족해서 걱정이었다. 그래서 걸리버를 한 번만 구경하도록 _____을 만들고, 국민들이 식량을 필요한 만큼만 받아가도록 _____을 주었다.

09 안네의 일기
은신처에서 전해 들은 바깥세상 소식

사랑하는 키티!

두셀 씨는 썩 괜찮은 사람이야. 두셀 씨는 두말없이 나랑 같은 방을 쓰겠다고 했어. 솔직히 말하면 나는 낯선 사람이 내 물건들을 쓰는 게 별로 내키지 않지만, 옳은 일을 마다할 수는 없어서 기꺼이 참기로 했어.

"우리가 누군가를 구할 수 있다면 그것보다 중요한 일이 어디 있겠니?"

아빠의 이 말씀이 백번 옳지.

두셀 씨는 여기에 온 첫날 나에게 질문을 해댔어. 청소부 아주머니가 몇 시에 오는지, 욕실을 쓸 수 있는 시간은 언제인지, 화장실에 갈 수 있는 시간은 몇 시인지 등 말이야. 이런 말을 하면 넌 웃을지도 모르지만, 은신처에서는 모든 일을 조심스레 해야 해. 낮에는 아래층에 있는 사람들에게 우리 소리를 들키면 안 되고, 아래층에 청소부 아주머니 같은 외부 사람이 있을 때는 특히 더 조심해야 해. 내가 두셀 씨에게 모든 것을 아주 자세하게 설명했는데도 두셀 씨는 이해가 잘 안되는 모양이야. 아마 너무 갑자기 상황이 달라져서 혼란스러운 것 같아.

두셀 씨는 우리가 벌써 오랫동안 모르고 지내온 바깥세상 얘기를 많이 들려주었어. 모두 슬픈 얘기뿐이야. 수많은 친구와 지인들이 생각하기도 끔찍한 곳으로 떠나 버렸대. 저녁마다 초록색이나 회색 군용 차량들이 지나가고, 독일군들이 집집마다 초인종을 누르고 다니면서 혹시 그 집에 유대인이 사냐고 묻는대. 그렇다고 하면 온 가족을 그 자리에서 끌고 간대. 독일군들은 무슨 명단을 들고 다니면서 값나가는 물건이 나올 게 확실한 집만 찾아 초인종을 누른대. 사람 숫자대로 세금을 받아가는 일도 자주 있대. 정말로 옛날에 있었다던 노예 사냥을 하는 것 같아. 밤마다 죄 없는 사람들의 행렬이 눈에 아른거려. 우는 아이들까지 끼어 있는 행렬이! 독일군 두어 명이 그 사람들에게 계속 걸으라고 명령하면서 그 사람들의 몸이 거의 부서지다시피 할 때까지 때리고 괴롭히지.

우리한테는 이곳이 있어서 얼마나 다행인지 몰라. 우리는 그런 비참한 상황과 동떨어져 있으니까. 그렇다고 마냥 좋기만 한 건 아니야. 우리에게 소중한 사람들이지만 지금 우리 형편으로는 도울 수 없는 많은 사람에 대한 걱정이 늘 마음 한구석에 자리 잡고 있거든.

사랑하는 친구들은 어디엔가 내던져지거나 쓰러져 가고 있는데, 나만 따뜻한 침대에 누워 있으려니 마음이 편하지 않아. 여기에 오기 전 친하게 지냈던 사람들이 잔인한 사형 집행인들의 손아귀에 들어가 있다고 생각하면 공포감마저 들어. 이게 다 유대인이기 때문에 겪어야 하는 일이란다.

너의 안네가

『안네의 일기』 (1947년), 안네 프랑크 지음

유대인 소녀 안네가 제2차 세계대전 중 독일군을 피해 은신처에서 살며 쓴 일기로, 일기장에 '키티'라는 이름을 짓고 친구에게 말하듯 쓴 글입니다. 이날은 함께 살게 된 두셀 씨에게 들은 이야기를 통해 유대인이 겪는 어려움에 관해 쓰고 있습니다.

1. 다음 중 '마다하다'의 뜻으로 옳은 것을 고르세요.

① 아주 많다 ② 거절하다 ③ 도중에 그만두다 ④ 받아들이다

2. 이야기의 내용으로 맞는 문장에는 O표, 틀린 문장에는 X표 하세요.

① '나'는 두셀 씨와 같은 방을 쓰게 되었다. (   )

② 은신처에서는 모든 일을 조심해야 한다. (   )

③ 두셀 씨는 바깥세상의 기쁜 소식을 '나'에게 전해주었다. (   )

④ '나'는 은신처에서 지내고 있어 매우 행복하다. (   )

3. 다음 중 유대인이 겪는 일이 아닌 것을 고르세요.

① 독일 군인들에게 맞거나 괴롭힘 당하면서 끌려간다.

② 초록색이나 회색 차량을 운전한다.

③ 은신처에 숨어 산다.

④ 독일군에게 사람 숫자대로 세금을 낸다.

4. 글 속에 나타난 안네의 생각이나 마음과 다른 것을 고르세요.

① 여러 가지 일을 조심해야 하는 은신처 생활이 불만스럽다.

② 두셀 씨 같은 사람을 배려하는 것은 옳은 일이라고 생각한다.

③ 유대인을 괴롭히는 독일군이 끔찍하다.

④ 자신이 도울 수 없는 소중한 사람들이 걱정된다.

5. 밑줄 친 곳에 알맞은 말을 넣어 이야기 내용을 간추려 보세요.

_____에 숨어 살던 안네는 새로 온 _____씨와 같은 방을 쓰기로 했습니다. _____씨에게 죄 없는 많은 _____들이 끔찍한 곳으로 끌려가고 _____에게 괴롭힘을 당한다는 얘기를 들은 안네는 _____에 있어 다행이라고 생각하면서도 마음이 편하지 않았습니다.

10 레 미제라블
주교님의 선한 거짓말

　대성당 시계 종소리가 새벽 2시를 알릴 때 장 발장은 잠에서 깼다. 20년 가까이 침대에서 잔 적이 없었던 그는 너무 푹신한 침대 때문에 일찍 잠에서 깬 것이다. 장 발장은 어제 저녁 식탁에서 본 은그릇들을 떠올렸다. 그것들을 모두 합치면 200프랑은 될 것이다. 자신이 19년 동안 감옥에서 번 돈의 두 배가 되는 돈이다. 장 발장은 벽장에서 은그릇들을 꺼내 배낭에 넣고 창문을 넘고 담장을 넘어 달아났다.
　이튿날 해 뜰 무렵, 뜰을 거닐고 있던 밀리엘 주교에게 마글르와르 부인이 달려와 소리쳤다.
　"주교님! 은그릇이 없어졌어요. 엊저녁 그 남자가 훔쳐 간 거예요!"
　주교는 태연히 말했다.
　"그 은그릇이 우리 것이었던가요? 우리가 잠시 쓰고 있었을 뿐, 그것은 가난한 사람들의 것입니다. 은그릇이 가난한 그 남자에게 갔다면 잘된 일이지요."
　주교와 누이동생, 마글르와르 부인은 다른 그릇에 아침 식사를 했다. 그들이 식탁에서 막 일어서려고 할 때 문을 두드리는 소리가 들렸다.
　문을 열고 보니 경찰 세 사람이 장 발장의 멱살을 잡고 있었다.
　"주교님, 이 수상한 자가······."
　경찰 하나가 말을 마치기도 전에 주교가 장 발장을 향해 말했다.

"이렇게 다시 만나니 좋구려. 내가 은그릇과 함께 준 은촛대는 왜 안 가져갔소?"

장 발장은 뭐라 답해야 좋을지 모르겠다는 표정을 지었고, 경찰 대장이 주교에게 물었다.

"그럼, 주교님께서 이자에게 은그릇을 주셨다는 말이 정말입니까?"

"그럼요. 은촛대도 주었는걸요."

할 말이 없어진 경찰들이 떠난 뒤 주교는 장 발장에게 말했다.

"자, 당신에게 주었던 은촛대를 가지고 나올 테니 가져가시오."

엉겁결에 은촛대를 받아 든 장 발장은 온몸을 떨었다.

"안심하고 가 보시오. 그리고 잊어서는 안 되오. 이것들을 팔아 얻게 되는 돈은 당신이 정직한 인간이 되기 위한 일에 쓰겠다고 나하고 약속한 것이오."

장 발장은 아무 말도 못 하고 달아나듯 그곳을 빠져나왔다. 그러나 장 발장은 야릇한 기분에 사로잡혔다. '아, 나는 불쌍한 인간이다!' 마음속으로 부르짖으며 들판에 엎드려 울기 시작했다. 19년 만에 흘리는 눈물이었다.

작품정보

『레 미제라블』 (1862년), 빅토르 위고 지음

'레 미제라블'은 '불쌍한 사람들'이라는 뜻으로, 빵을 훔쳐 19년 동안 감옥살이를 하고 나온 장 발장이 밀리엘 주교로부터 깨달음을 얻고 새로운 삶을 살게 되는 이야기입니다. 이 장면은 주교가 은그릇을 훔친 장 발장에게 은혜를 베푸는 부분입니다.

1. 다음 중 '불쌍한'과 뜻이 다른 낱말을 고르세요.

① 가여운   ② 비참한   ③ 애처로운   ④ 외로운

2. 다음 문장을 읽고 그 일을 한 사람이 누구인지 빈칸에 써 보세요.

① _____ 은 새벽 2시에 잠에서 깼다.

② _____ 은 은그릇이 없어진 사실을 주교님에게 알렸다.

③ _____ 은 주교님의 은그릇을 훔쳐 달아났다.

④ _____ 은 장 발장의 멱살을 잡고 주교의 집에 왔다.

3. 은그릇이 없어졌는데도 밀리엘 주교가 놀라지 않은 까닭이 무엇인지 고르세요.

① 그 은그릇은 원래 가난한 사람들의 것이라고 생각해서

② 장 발장이 은그릇을 돌려줄 거라고 믿었기 때문에

③ 그것 말고도 은그릇을 많이 가지고 있어서

④ 경찰에 신고하면 되찾을 수 있을 것으로 생각해서

4. 주교가 장 발장에게 한 말을 읽어 보고, 내용에 맞는 표현에 ○표 하세요.

> 안심하고 떠나도 됩니다. 그러나 이것들을 팔아 얻게 되는 돈은 당신이 (정직한 / 부지런한) 인간이 되기 위한 일에 쓰겠다고 (계약 / 약속)했다는 사실은 잊지 마십시오.

5. 밑줄 친 곳에 알맞은 말을 넣어 이야기 내용을 간추려 보세요.

> 밀리엘 주교의 집에서 _____을 훔쳐 달아난 장 발장은 경찰에 잡혀 되돌아온다. 그러나 _____는 자신이 준 거라며 장 발장의 죄를 숨겨주었고, _____까지 받고 _____사람이 되라는 말을 들은 장 발장은 자기 잘못을 뉘우치며 눈물을 흘린다.

고전 속으로

6. 『이상한 나라의 앨리스』

전 세계적으로 가장 유명한 동화 작가로 자리매김한 루이스 캐럴의 작품이다. 영국의 수학자 루이스 캐럴은 어느 날 세 명의 꼬마 숙녀와 뱃놀이를 하고 있었다. 구름 한 점 없는 따스한 오후, 물결 위로 비추는 빛의 조각들 사이로 꿈처럼 몽롱한 시간을 보내던 세 명의 아이들은 그에게 재미있는 이야기를 해달라며 졸랐다. 아이들의 성화에 못 이겨 시작한 이야기는 점차 아이들을 환상의 세계로 이끌었다. 두 눈을 감은 채 이상한 나라에 푹 빠진 아이들을 보면서, 캐럴은 몇 해 뒤 그 이야기를 책으로 펴냈다. 이것이 바로 오늘날까지 전 세계 아이들에게 사랑받는 환상 동화『이상한 나라의 앨리스』다.

초현실적이고 환상적인 상상력, 난센스와 의미가 풍부한 언어유희, 수학적 논리 등으로 버무려진 이 독특한 소설은, 아동 문학의 새 가능성을 열었다는 평가와 더불어 오늘날 영원한 '어른의 동화'로 자리매김했다. 커졌다 작아지기를 반복하는 앨리스, 몸통 없이 웃는 얼굴만 둥둥 떠다니는 고양이, 카드로 만들어진 여왕과 병사 등『이상한 나라의 앨리스』에는 우리의 상상력을 자극하는 이미지가 가득하다.

7. 『정글 북』

이 책의 저자인 러디어드 키플링은 어린 시절 인도 뭄바이에서 태어나 유년 시절을 그곳에서 보냈다. 인도와 영국을 오가며 남다른 정체성과 독창성을 갖게 된 키플링은『정글 북』을 발표하며 유명 작가로 이름을 떨쳤고, 1907년에는 영

미권 작가 최초이자 역대 최연소로 노벨문학상을 받으며 그 문학성을 입증받았다. 노벨상 위원회는 그를 수상자로 선정하며 독창적인 상상력과 관찰력, 기발한 착상과 이야기를 이끄는 비범한 재능을 극찬했다.

『정글 북』은 늑대 가족의 손에서 자란 야생 소년 모글리와 정글 동물들의 선생님이자 푸근한 곰 아저씨 발루, 겉모습은 냉혹하지만 마음씨 따뜻하고 누구보다 정이 많은 흑표범 바기라의 흥미진진한 모험을 비롯해서 총 일곱 편의 단편소설을 모은 작품이다. 인간들의 횡포를 피해 물개들의 낙원을 찾아 떠나는 하얀 물개 코틱, 환상적인 코끼리들의 춤을 경험하게 되는 작은 투마이, 사악한 코브라 부부와 위험천만한 대결을 벌이는 용맹한 몽구스 리키티키 등 개성 넘치고 매력적인 주인공들의 흥미진진한 모험과 도전이 가득하다.

8. 『걸리버 여행기』

1726년, 작가 조나단 스위프트가 15년이란 긴 시간을 들여 완성한 『걸리버 여행기』를 발표했을 때 영국 사회는 발칵 뒤집혔다. 이 작품은 당시 사회를 날카롭게 비판하고 있었기 때문이다.

『걸리버 여행기』는 의사 걸리버가 세계를 돌아다니는 여행기다. 주인공 걸리버가 항해 중에 난파해 소인국인 릴리펏, 거인국인 브롭딩낵, 하늘을 나는 섬나라 라퓨타, 말들이 주인인 휘늠 나라 등으로 표류하며 지금까지 어떤 인간의 발길도 닿지 않았던 놀라운 세상을 경험한 이야기를 담고 있다. 걸리버가 그들의 삶을 관찰하면서 나아가 인간의 본성에 대해 깊이 고민하는 내용은 때로는 기발한 상상력에 감탄을 자아내고, 유려한 재치에 폭소하게 한다. 하지만 상상력과 재치 그 이상으로 이 작품에 담긴 신랄한 풍자와 비판은 의미심장하다. 독자들은 걸리버가 여행하는 나라들의 면면을 지켜보는 동안 인간 사회에 존재하는 여러 부조리를 돌이켜 보게 된다.

9. 『안네의 일기』

『안네의 일기』는 안네 프랑크가 13세에서 15세까지 쓴 일기로 한 소녀의 생각, 꿈, 감정, 가족과의 관계 등을 솔직하게 표현하고 있다. 제2차 세계대전 중에, 안네는 나치의 유대인 박해를 피해 가족과 함께 암스테르담의 은신처로 숨어든다. 그곳에 고립된 가족은 힘든 시간을 마주하면서 서로에게 지지의 손길을 전한다. 안네는 답답한 속을 달래기 위해 생일선물로 받은 일기장에 '키티'라는 이름을 붙이고 친구처럼 여기며 은신처에서 있었던 일과 느낀 점을 상세히 기록한다. 곤경에 처해서도 희망의 끈을 끝끝내 놓지 않으려 애쓰는 안네의 모습이 전 세계 독자들에게 감동을 선사한다.

안네는 나치에 의해 독일의 어느 유대인 수용소에서 언니와 함께 장티푸스에 걸려 짧은 일생을 끝마쳤으나, 이 일기는 사망 후, 은신처 식구들의 조력자 중 한 명인 미프 히스에 의해 발견되어 가족 중 유일한 생존자인 아버지 오토 프랑크에게 전해졌다. 1947년, 책을 출간하고 싶다는 안네의 소망대로 『안네의 일기』는 마침내 세상의 빛을 보았다.

10. 『레 미제라블』

프랑스 문학사상 가장 유명한 대하 역사소설로서, 프랑스 낭만주의 시인이자 극작가, 소설가, 정치가인 빅토르 위고의 작품이다. 불쌍한 사람들, 가련한 사람들이란 뜻의 『레 미제라블』은 배고픈 조카들을 위해 빵 한 덩이를 훔친 죄로 무려 19년간 감옥살이를 한 장 발장의 이야기로부터 시작된다. 다시 세상으로 나온 장 발장은 은 식기를 훔치려다 밀리엘 주교로부터 한없는 자비를 배우게 되고, 거기서 얻은 깨달음으로 사랑과 선의를 다시금 베풀며 진정한 인간으로서의 길을 보여준다. 장 발장의 이야기뿐 아니라, 세상의 가혹함을 보여주는 여러 인물을 통해 작가는 당대 프랑스 역사와 사회의 비정함에 대해 낱낱이 파헤친다.

『레 미제라블』은 어두운 사회 환경에 억눌려 사랑을 잃은 채 비참하게 살아가는 사람들이 인간적인 사랑을 되찾아 세상을 향해 자유롭게 베풀어 가는 모습을 그리며, 결국 인간에게는 사랑과 그것을 지켜줄 자유로운 정신이 무엇보다도 중요함을 이야기하고 있다. 프랑스에서는 『성경』다음으로 많이 읽힌 책으로 꼽히고 있다.

글쓰기 연습 2

일기 쓰기

『안네의 일기』 주인공 안네처럼 일기를 써 봅시다.
안네가 일기장 키티에게 한 것처럼 누군가에게 말하듯이 써도 됩니다.
오늘 또는 최근 자신이 한 일을 골라 자기 생각과 함께 일기를 써 봅시다.

일기는 어떻게 쓸까요?

저마다의 방식으로 쓸 수 있지만 아래의 세 가지는 꼭 씁니다. 〈예시글〉을 참고해 다음 쪽에 일기를 써 보세요.

1. 날짜
1942년 11월 19일 목요일

2. 한 일(있었던 일)
① 첫 문장에는 간단히 소개
나는 내 방을 두셀 씨와 함께 쓰게 되었다.

② 그 뒤에 자세히 소개(뒤에 쓸 '생각한 것'과 관련된 내용)
우리 은신처에 두셀 씨가 새로 들어왔다. 모르는 사람과 함께 지내는 게 내키지 않지만, 유대인들이 모두 위험한 상황이니까 옳은 일이라고 생각해서 받아들이기로 했다. 두셀 씨는 은신처 생활에 대해 이것저것 많이 물어보았다. …… 그리고 우리가 모르고 지내온 바깥세상 이야기를 들려주었다. ……

3. 생각한 것(솔직하게)
두셀 씨는 썩 괜찮은 사람이었다. … 두셀 씨의 이야기를 들으니 우리가 은신처에서 지내는 게 얼마나 다행인지 모른다는 생각이 들었다. …… 하지만 바깥세상에 두고 온 친구와 이웃들이 걱정된다. ……

년   월   일   요일

Week 3

비밀의 화원
사람은 무엇으로 사는가
시튼 동물기
어린 왕자
프랑켄슈타인

11 비밀의 화원
난 영원히 살 거야!

세 아이는 일주일이 넘게 기다려야 했다. 메리가 발견한 비밀의 화원에 함께 가기로 했지만 며칠 동안 바람이 심하게 부는 데다 콜린에게 감기 기운이 있었기 때문이다. 하루하루 지날수록 콜린의 마음속에는 비밀의 화원의 가장 큰 매력은 '비밀'이라는 생각이 들었고, 셋만 아는 그 비밀이 깨지면 안 된다고 생각했다.

드디어 그날이 왔다. 메리가 앞장서고, 디콘은 콜린이 탄 휠체어를 밀었다. 콜린은 다른 하인들은 절대로 따라오지 못하게 했다. 콜린은 휠체어에 등을 기댄 채 하늘을 올려다보았다. 그리고 비쩍 마른 가슴을 들썩이며 숨을 들이쉬었다.

"노랫소리와 외치는 소리가 들려. 소리가 아주 많아. 방금 바람이 불 때 무슨 향기가 날아온 거지?"

콜린의 질문에 디콘이 대답했다.

"황무지에 가시금작화가 한창 피는 중이야!"

세 아이는 관목 숲 사이로 들어갔다 나와서 꽃밭 주변을 빙 돌았다. 그리고 담쟁이덩굴에 뒤덮인 산책로로 들어서자 이제 다 왔다는 짜릿한 느낌이 들었다. 메리가 심호흡하며 말했다.

"바로 여기야."

콜린은 담쟁이덩굴을 뚫어져라 보았지만 아무것도 찾지 못했다.

"하지만 아무것도 안 보여. 문이 없는걸."

메리가 담장에 드리워진 담쟁이덩굴을 들추자, 문이 드러났다. 메리는 손잡이를 잡고 문을 열었다. 디콘은 콜린이 탄 휠체어를 밀었다. 콜린은 너무 기뻐 숨을 제대로 쉬지 못하면서도 다시 휠체어에 몸을 기댄 채 두 손으로 눈을 가렸다. 휠체어가 멈추자, 콜린은 그제야 손을 내리고 화원 안을 둘러보았다.

부드러운 잎사귀들, 나무 밑 수풀, 분홍빛과 하얀빛으로 뒤덮인 나무들, 날개가 파닥이는 소리, 콧노래 소리, 향기로운 냄새, 또 냄새. 따스한 햇살이 사랑스러운 손길로 콜린의 얼굴을 어루만졌다. 메리와 디콘은 가슴이 벅차올라 그 자리에 서서 콜린을 바라보았다. 콜린은 방에만 있을 때와는 완전히 달라 보였다. 눈부신 분홍빛이 콜린의 온몸을 휘감고 있었다. 마침내 콜린이 휠체어에서 일어서며 소리쳤다.

"난 꼭 건강해질 거야! 메리! 디콘! 난 영원히, 영원히 살 거야!"

> **작품정보**
>
> **『비밀의 화원』** (1909년), 프랜시스 호지슨 버넷 지음
>
> 콜린의 집에서 함께 살게 된 메리가 우연히 비밀의 화원을 발견한 후 콜린, 디콘과 함께 가꾸며 우정을 키워 나가는 이야기입니다. 이 부분은 침대에 누워만 있던 콜린이 비밀의 화원으로 나와 삶의 의지를 얻게 되는 장면입니다.

1. 다음 낱말들의 뜻을 찾아 줄로 이어 주세요.

① 화원 ・   ・㉠ 길게 뻗어 다른 물건을 감아 오르는 식물의 줄기

② 황무지・   ・㉡ 꽃을 심은 동산

③ 관목 ・   ・㉢ 손을 대지 않고 내버려 두어 거친 땅

④ 덩굴 ・   ・㉣ 키가 작고 원줄기와 가지의 구별이 분명하지 않은 나무

2. 콜린이 다른 하인들에게 세 아이를 따라오지 못하게 한 까닭을 고르세요.

① 하인들이 따라와 잔소리할까 봐

② 세 아이만의 비밀로 간직하고 싶어서

③ 평상시에 하인들이 자신을 괴롭혔기 때문에

④ 자신이 하인들보다 높은 사람이라고 생각해서

3. 다음은 콜린이 비밀의 화원에서 느낀 것입니다. 빈칸에 들어갈 알맞은 말을 쓰세요.

70 Week 3

| 공부한 날   월   일   요일 |

> 부드러운 ☐☐☐들, 나무 밑 수풀, 분홍빛과 하얀빛으로 뒤덮인 ☐☐들, ☐☐가 파닥이는 소리, 콧노래 소리, 향기로운 냄새, 또 냄새. 따스한 ☐☐이 사랑스러운 손길로 콜린의 얼굴을 어루만졌다.

4. 아파서 누워만 있던 콜린이 혼자 힘으로 일어서는 데 영향을 미친 것들을 모두 고르세요.

① 메리가 비밀의 화원을 찾아냄

② 하인들이 콜린을 도와줌

③ 메리와 디콘이 콜린을 도와줌

④ 싱그러운 자연의 색과 냄새, 햇살

5. 밑줄 친 곳에 알맞은 말을 넣어 이야기 내용을 간추려 보세요.

> 몸이 약해 누워만 지내던 콜린은 _____와 _____과 함께 _____를 타고 밖으로 나간다. _____뒤에 감춰져 있던 _____에 들어가 나무와 꽃과 새, 햇살과 바람의 싱그러움을 맛본 콜린은 반드시 건강해질 거라고 소리친다.

12 사람은 무엇으로 사는가
벌거벗은 천사

어느 추운 겨울날, 가난한 구두장이 세몬은 가엾은 젊은이를 데리고 집으로 들어오는 길이었다. 마트료나는 가죽을 사러 나갔던 남편이 빈손으로, 그것도 낯선 젊은이와 들어오는 것을 보고 화가 났다. 젊은이는 남편의 외투와 장화를 걸치고 속에는 아무것도 입지 않았다. 세몬은 아내에게서 식사 준비를 하라고 했지만, 마트료나는 화를 내며 말했다.

"가죽을 사러 나가서는 낯선 사람에게 외투를 벗어주고, 그것도 모자라 집에까지 끌고 와요? 당신에게 줄 음식 같은 건 없어요!"

세몬은 아내에게 이 젊은이를 데려온 사정을 설명하려 했으나 마트료나는 좀처럼 들으려 하지 않고 쉴 새 없이 불평을 쏟아냈다. 세몬은 한마디도 할 수 없었다. 그런데 마트료나는 몹시 화가 나기도 했지만, 저 낯선 젊은이가 누구인지 알고 싶어졌다.

"온전한 사람이라면 저렇게 아무것도 입지 않고 돌아다닐 리가 없잖아요. 당신도 마찬가지예요. 이 젊은이를 데려온 이유를 왜 똑바로 말하지 못하는 거예요?"

세몬이 대답했다.

"아까부터 내가 말하려 했는데 당신이 말할 틈을 주지 않았어. 집으로 돌아오는 길에 보니 교회 앞에서 이 사람이 벌거벗은 채로 쭈그리고 앉아 있더라고. 이 추운 날 벌벌 떨면서 말이지. 내가 마침 그 앞을 지나게 됐으니 다행이지. 그러지 않았으면 얼어 죽었을 거라고. 살다 보면 누구라도 언제 무슨 일을 당할지 알 수 없는 거 아니오? 그러니 마음을 풀고 이 사람의 입장을 생각해 보라고."

마트료나는 욕이라도 퍼부으려 했지만, 낯선 젊은이를 다시 쳐다보는 순간 말문이 막혔다. 그는 꼼짝도 하지 않고 눈을 감은 채 고개를 숙이고 의자 끝에 앉아 있었다.

"마트료나, 당신 마음속에는 하느님이 없는 거야?"

세몬의 말을 듣고 다시 한번 젊은이를 바라본 순간 이상하게도 그녀의 분노가 가라앉았다. 마트료나는 난롯가로 가서 저녁 준비를 했다. 식탁 위에 마실 것이 담긴 컵을 놓고 빵을 잘라 내놓으며 말했다.

"자, 다들 식사하세요."

세몬은 빵을 잘라서 잘게 뜯어 먹기 시작했다. 마트료나는 식탁 끝 쪽에 앉아서 턱을 괴고 젊은이를 쳐다보았다. 자기도 모르게 그 젊은이가 가엾다는 생각이 들면서 그를 보살펴주고 싶은 마음이 들었다.

그때 갑자기 젊은이의 표정이 밝게 변했다. 찡그렸던 얼굴을 펴고 그녀 쪽으로 눈길을 돌리며 부드러운 미소를 지었다.

사실 미하일이라는 이 젊은이는 하느님께 벌을 받아 세상에 내려온 천사였다. 그러나 자신이 누구인지는 나중에 밝히기로 하고 자신을 구해준 세몬과 마트료나에게 하느님의 은총이 함께할 거라고 했다.

작품 정보

『사람은 무엇으로 사는가』 (1885년), 레프 톨스토이 지음

하느님으로부터 벌을 받게 된 천사 미하일의 이야기입니다. 이 부분은 인간 세상에 내려와 세 가지 질문에 대한 답을 찾던 중 첫 번째 답을 찾아 미소 짓는 장면입니다.

1. 다음 중 '-쟁이'와 '-장이'의 쓰임이 잘못된 것을 고르세요.

① 개구**장이**   ② 겁**쟁이**   ③ 땜**장이**   ④ 대장**장이**

2. 다음 문장 중 맞는 것에는 ○표, 틀린 것에는 ✕표 하세요.

① 세몬은 가난한 구두장이이다. (   )

② 세몬은 교회 앞에서 외투를 입은 젊은이를 발견했다. (   )

③ 마트료나는 미하일을 보자마자 그를 가엾게 여겼다. (   )

④ 미하일은 저녁 식탁에서 마트료나를 향해 미소를 지었다. (   )

3. 다음 밑줄에 들어갈 말을 차례대로 쓴 것을 고르세요.

> "마트료나, 당신 마음속에는 _____이 없는 거야?"
> 세몬의 말을 듣고 다시 한번 _____를 바라본 순간 이상하게도 그녀의 분노가 가라앉았다.

① 양심, 젊은이   ② 사랑, 거지

③ 하느님, 젊은이   ④ 하느님, 십자가

4. 다음 중 미하일이 미소 지은 까닭을 고르세요.

① 세몬이 하나뿐인 외투를 자신에게 선물했기 때문에

② 세몬의 집이 따뜻해 얼었던 몸을 녹일 수 있어서

③ 마트료나가 빵과 마실 것을 주어서

④ 마트료나의 마음이 따뜻하게 변한 것을 알아서

5. 밑줄 친 곳에 알맞은 말을 넣어 이야기 내용을 간추려 보세요.

_____은 _____앞에서 벌거벗은 젊은이를 구해 집으로 데려온다. 그의 아내 _____는 가난한 형편 때문에 화를 내지만 '당신 마음속에 _____이 없느냐'는 세몬의 말을 듣고 마음을 바꾼다. 그것을 알아챈 천사 _____은 미소 지으며 그들을 축복한다.

13 시튼 동물기
늑대왕 로보

　커럼포는 뉴멕시코주 북부에 있는 드넓은 목장 지대이다. 목초가 풍부해서 양과 소를 많이 키웠다. 그런데 그곳에는 사람들이 로보라고 부르는 잿빛 늑대가 위세를 떨치고 있었다. 로보는 부하가 다섯 마리뿐인데도 5년 동안 2천 마리가 넘는 가축을 매일 잡아갔다. 그러나 어떤 사냥꾼도 로보 무리를 잡을 수 없었다. 마침내 로보의 목에 걸린 현상금은 1천 달러가 되었다.

　커럼포에서 목장을 하는 친구가 나에게 로보 무리를 처치해 달라고 했다. 나는 늑대 사냥을 해본 적도 있었고 마침 새로운 변화를 원하고 있던 참이라 바로 커럼포로 달려갔다. 나는 말을 타고 돌아다니며 커럼포의 지리를 살펴보고 말과 사냥개로 로보를 쫓는 것보다 독약이나 덫을 사용하는 것이 좋겠다고 판단했다. 당장은 큰 덫이 없었기 때문에 먼저 독약을 놓기로 했다.

　나는 치즈와 암소의 비계를 함께 녹였다. 그것이 식어 굳은 뒤에는 여러 덩어리로 자르고 덩어리마다 한쪽에 구멍을 냈다. 쇠 냄새가 배지 않도록 사기그릇을 쓰고 자를 때는 뼈로 된 칼을 썼다. 그리고 냄새가 새지 않는 캡슐에 스트리크닌과 비소를 넣어 덩어리 구멍에 끼우고는 치즈 조각으로 구멍을 막았다. 나는 암소 피에 적신 장갑을 끼고 이 모든 일을 했다. 그러고는 16킬로미터를 돌면서 400미터마다 하나씩 미끼를 떨어뜨렸다. 어느 것 하나 내 손이 닿아 냄새가 배지 않도록 최대한 신경 썼다.

며칠 뒤 저녁, 미끼를 놓은 곳 근처에서 늑대왕의 낮고 굵은 울음소리가 들려왔다. 나는 다음 날 아침 일찍 미끼를 놓아둔 곳으로 가 보았다. 로보 무리의 발자국이 눈에 띄었다. 로보의 발자국은 쉽게 알아볼 수 있었다. 보통 늑대의 발자국은 11~12센티미터쯤인데 로보의 발자국은 14센티미터나 되었다. 나중에 알았지만 로보는 발 크기에 걸맞게 덩치도 커서 어깨높이가 1미터이고 몸무게는 68킬로그램이나 되었다. 발자국을 보니 늑대들은 내가 미끼를 뿌린 경로를 따라갔다. 첫 번째 미끼가 사라졌다. 나는 너무 기뻐 소리쳤다.

"드디어 잡았다! 녀석은 얼마 못 가 뻣뻣하게 굳어 버렸을 거야."

나는 말을 타고 녀석들의 발자국을 따라갔다. 두 번째 미끼도 사라지고 없었다. 세 번째 미끼도 보이지 않았다. 그러나 죽은 늑대는 보이지 않았다. 그제야 나는 녀석들이 미끼를 하나도 먹지 않았다는 것을 알았다. 녀석들은 네 번째 미끼 위에 다른 미끼 세 개를 포개 놓고는 나를 비웃듯이 똥을 싸 놓았다. 그러고는 남은 미끼들을 내버려 두고 제 갈 길로 가버린 것이었다. 로보가 얼마나 영리하고 교활한지 알게 된 나는 놀림을 받은 것 같아 화가 났고, 로보를 잡을 수 있는 확실한 방법을 궁리하게 되었다.

작품정보

『시튼 동물기』 (1897년), 어니스트 톰슨 시튼 지음

이 이야기는 시튼이 발표한 『내가 아는 야생 동물 이야기(시튼 동물기)』 중 가장 널리 알려진 이야기로 원래 제목은 「커럼포의 왕 로보」입니다. 이 부분은 '나'가 로보 무리를 잡으려고 독을 넣은 미끼를 놓았으나 실패하는 장면입니다.

1. '말이나 소에게 먹이는 풀'이라는 뜻을 가진 낱말을 고르세요.

① 목초   ② 잡초   ③ 초원   ④ 기초

2. 다음 문장을 읽으면서 글의 내용에 맞는 말에 ○표 하세요.

> 커럼포의 (늑대 / 양과 소) 왕 로보는 (열다섯 / 다섯) 마리의 부하를 거느리고 5년 동안 2천 마리가 넘는 가축을 매일 잡아갔다. 그러나 어떤 사람도 로보 무리를 잡지 못해 (벌금 / 현상금)이 1천 달러가 되었다.

3. 미끼에 독을 넣고 들판에 놓는 장면에서 알 수 있는 '나'의 성격이 아닌 것을 고르세요.

① 치밀하다   ② 털털하다   ③ 조심성이 많다   ④ 꼼꼼하다

4. 다음은 '나'가 로보에게 화가 난 까닭입니다. 빈칸에 알맞은 말을 넣으세요.

> 사람의 ☐☐가 나지 않도록 신경 써서 만든 독 ☐☐를 먹지 않은 데다가, 나를 놀리듯이 그 미끼들을 모아 놓고 그 위에 ☐을 싸 놓았기 때문이다.

5. 밑줄 친 곳에 알맞은 말을 넣어 이야기 내용을 간추려 보세요.

> _____에서 많은 양과 소를 해치는 늑대왕 _____는 사람들에게 절대 잡히지 않았다. 친구의 부탁을 받은 나는 로보를 잡기 위해 신중하게 독 _____를 놓았지만 실패하고, 로보가 얼마나 _____한지 알게 되었다.

14 어린 왕자
길들인다는 것

"안녕."
어린 왕자는 울음을 그치고 소리 나는 쪽을 보았다.
"넌 누구지? 넌 참 예쁘구나."
어린 왕자가 물었다.
"난 여우야."
"이리 와서 나하고 놀자. 나는 지금 무척 슬프단다."
왕자가 여우에게 이렇게 말하자 여우가 대답했다.
"난 너하고 놀 수 없어. 나는 너에게 길들어 있지 않거든."
왕자는 미안하다고 사과했다가 잠깐 생각해 본 뒤에 여우에게 물었다.
"'길들인다'는 게 무슨 뜻이지?"
"그건 '관계를 맺는다'는 말이야. 넌 아직은 나에겐 수많은 다른 소년들과 다를 게 없어. 그러니까 난 네가 없어도 조금도 불편하지 않아. 하지만 네가 나를 길들인다면 너는 나에게 오직 하나밖에 없는 존재가 되는 거야. 나도 너에게 하나밖에 없는 존재가 될 테고 말이야."
여우는 어린 왕자를 한참 동안 바라보다가 말

했다.

"부탁이야. 나를 길들여 줘!"

"어떻게 해야 하는데?"

어린 왕자가 물었다.

"참을성이 있어야 해. 먼저 나에게서 조금 떨어져 있는 거야. 난 너를 가끔 곁눈질로 쳐다볼 거야. 하루하루 시간이 지나면서 너는 조금씩 나에게 가까이 다가앉을 수 있게 될 거야."

다음 날, 어린 왕자는 다시 여우가 있는 곳으로 갔다.

"언제나 같은 시각에 오는 게 더 좋아."

여우가 말했다.

"이를테면, 네가 오후 네 시에 온다면 나는 세 시부터 행복해지기 시작할 거야. 시간이 흐를수록 난 점점 더 행복해지겠지. 하지만 네가 아무 때나 오면 몇 시에 마음을 곱게 단장해야 하는지 모르잖아."

이런 이야기를 나누는 동안 여우는 어린 왕자에게 길들고 있었다.

『어린 왕자』 (1943년), 앙투안 드 생텍쥐페리 지음

비행기 고장으로 사막에 불시착한 비행사가 다른 별에서 지구로 여행 온 어린 왕자와 나누는 이야기를 담은 책입니다. 이 부분은 어린 왕자가 여우에게 '길들인다는 것'의 의미를 배우는 장면입니다.

1. 다음 중 '길들이다'는 말을 잘못 사용한 예를 고르세요.

　① 진호는 무서운 엄마에게 **길들였다**.

　② 아빠는 새로 산 자동차를 **길들여야** 한다며 날마다 몰고 나가셨다.

　③ 내 입맛은 할머니 음식에 **길들여졌다**.

　④ 아저씨는 그 사나운 말을 하루 만에 **길들였다**.

2. 여우가 알려준 '길들인다'는 말의 뜻은 무엇인지 빈칸에 알맞은 말을 쓰세요.

> **어린 왕자**: 길들인다는 게 무슨 뜻이지?
> **여우**: 그건 ☐☐를 맺는다는 말이야.

3. 여우가 어린 왕자가 다른 소년들과 다를 것이 없다고 한 까닭으로 맞는 것을 모두 고르세요.

　① 어린 왕자의 생김새가 평범해서

　② 어린 왕자가 여우를 길들이지 않아서

　③ 여우와 어린 왕자는 아직 관계를 맺지 않았기 때문에

　④ 어린 왕자가 여우의 마음에 들지 않았기 때문에

4. 여우가 어린 왕자에게 언제나 같은 시간에 찾아오는 게 좋을 거라고 말한 까닭입니다. 문장을 읽고 알맞은 말을 고르세요.

> 네가 오후 네 시에 온다면 나는 세 시부터 (행복 / 불안)해지기 시작할 거야. 하지만 네가 아무 때나 오면 몇 시에 (마음 / 몸)을 곱게 단장해야 하는지 모르잖아.

5. 밑줄 친 곳에 알맞은 말을 넣어 이야기 내용을 간추려 보세요.

> 여우는 어린 왕자에게 _____는 것은 관계를 맺는 것이라고 알려주었다. 길들이려면 _____을 가지고 조금씩 가까워져야 하며, 어린 왕자가 항상 일정한 시간에 찾아오면 매일 그 시간이 가까워질 때마다 자신이 _____해질 거라고 했다.

15 프랑켄슈타인
친구가 필요했을 뿐이에요

겨울이 다가왔다. 오두막의 가족들을 오랫동안 지켜본 나는 마음씨 착한 그들과 친구가 되기 위해 내 모습을 드러내기로 했다. 나는 노인이 혼자 있을 때가 기회라고 생각했다. 사람들이 나를 무서워하는 이유가 소름 끼치는 내 외모 때문이었으니 앞을 못 보는 그 노인이라면 나를 좋아해 줄 수도 있을 것 같았다.

햇살이 빛나던 어느 날, 그 노인의 아들과 딸, 며느리가 나들이를 떠나고 노인 혼자 오두막을 지키고 있었다. 노인이 기타를 연주하고 있을 때 나는 두근거리는 마음으로 오두막 문을 두드렸다.

"누구시오? 들어오시오."

나는 오두막 안으로 들어갔다.

"지나가는 나그네인데 쉴 곳을 찾고 있습니다."

"쉬어 가시구려. 하지만 집에 아무도 없어 당신을 대접할 수가 없소. 보다시피 난 앞을 못 본다오."

"신경 쓰지 마십시오. 먹을 것은 저에게도 있습니다. 따뜻하게 쉴 수만 있으면 됩니다."

나는 자리에 앉았다. 노인이 내게 물었다.

"어디로 가는 길이오?"

"제가 사랑하는 사람들에게 친구가 되어 달라고 부탁하러 가는 길입니다. 저는 버림받은 외톨이입니다. 그들과 꼭 친구가 되고 싶은데 흉측한 외모 때문에 거절당할까 두렵습니다."

"그 친구들이 착하고 다정한 사람들이라면 두려워할 필요가 없소."

"그 사람들은 착하고 다정합니다. 하지만 편견을 가지고 저를 괴물로만 볼까 봐 그렇습니다."

"내가 도움이 되어 주고 싶소. 당신 말은 진실하게 들리는구려."

노인의 말에 감동한 나는 터져 나오는 울음을 참을 수 없었다. 그때 젊은 이들의 발소리가 들렸다. 나는 용기 내어 노인의 손을 잡고 외쳤다.

"지금입니다. 절 지켜 주십시오. 제가 말한 친구들은 바로 할아버지의 가족들입니다."

순간 오두막의 문이 열리고 노인의 아들, 딸, 며느리가 들어왔다. 나를 본 그들은 화들짝 놀랐다. 노인의 딸은 그 자리에서 정신을 잃었고, 며느리는 밖으로 뛰쳐나갔다. 아들은 쏜살같이 달려와 나를 밀쳐내고 씩씩거리며 나를 바닥에 눕히더니 몽둥이로 사정없이 때리기 시작했다. 나는 심장이 터지는 듯한 절망감을 느꼈다. 아들이 다시 주먹을 날리려는 순간 나는 오두막을 빠져나와 숲으로 달아났다.

작품정보

『프랑켄슈타인』 (1818년), 메리 셸리 지음

프랑켄슈타인 박사가 새로운 생명체를 만들어내지만, 그 '괴물' 때문에 괴로움을 겪게 되는 이야기입니다. 이 부분은 흉측한 외모를 가진 '나'가 친구가 되고 싶었던 오두막 가족들에게 외면당하는 장면입니다.

1. 다음 중 '편견'과 뜻이 가장 비슷한 낱말을 고르세요.

① 의견   ② 선입견   ③ 견해   ④ 참견

2. '나'가 노인이 집에 혼자 있을 때를 기회라고 생각한 까닭은 무엇인지 빈칸에 알맞은 말을 쓰세요.

> 사람들이 나를 무서워하는 이유가 소름 끼치는 내 ☐☐ 때문이니 ☐을 못 보는 그 노인이라면 나를 좋아해 줄 수 있을 것 같았다.

3. 다음 중 이 글의 내용에 맞는 것은 O표, 틀린 것은 X표 하세요.

① 사람들은 '나'의 외모를 보고 두려워한다. (   )

② '나'는 오두막 가족들과 친구가 되고 싶었다. (   )

③ 노인은 '나'를 보자마자 두려움을 느꼈다. (   )

④ '나'가 노인을 공격하자 아들이 '나'를 몽둥이로 때렸다. (   )

4. 다음 문장에 알맞은 낱말을 보기에서 골라 쓰세요.

> **보기**
>
> 대접 아들 몽둥이 오두막 주먹

① '나'는 노인 혼자 기타를 연주하고 있을 때 _____ 문을 두드렸다.

② 노인은 집에 나무도 없어 '나'를 _____ 하지 못한다고 했다.

③ 아들은 '나'를 바닥에 눕히더니 _____ 로 사정없이 때리기 시작했다.

5. 밑줄 친 곳에 알맞은 말을 넣어 이야기 내용을 간추려 보세요.

> '나'는 오두막 가족들과 _____ 가 되고 싶었다. 눈먼 노인은 나를 이해해 줄 것 같았지만 그의 가족들이 내 _____ 를 보고 '나'를 공격하자 '나'는 _____ 을 느끼고 숲으로 도망쳤다.

프랑켄슈타인 **87**

고전 속으로

11. 『비밀의 화원』

『소공자』, 『소공녀 세라』를 쓴 프랜시스 엘리자 버넷의 작품으로 1909년에 발표되었다. 『비밀의 화원』은 베일에 가려져 있던 화원이 10년 만에 열리면서 일어나는 이야기다. 심술궂은 말라깽이 소녀 '메리'와 방 안에서만 지내는 고집쟁이 소년 '콜린'이 친구 '디콘'을 통해 동물들과 교감하고 화원을 돌보면서 마음의 빗장을 서서히 열어 가는 과정이 따뜻하게 그려져 있다. 씨를 뿌리고, 물을 주고, 여린 잎이 돋아나는 것을 보며 아이들의 영혼과 화원에 나타나는 변화는 독자에게 미소를 머금게 만든다.

『비밀의 정원』은 원래 1910년부터 1911년까지 「아메리칸 매거진」이라는 잡지에 연재되던 소설이었는데, 처음엔 그리 사랑받지 못했다. 심지어 버넷이 세상을 떠났음을 알리는 글에도 이 책의 제목은 빠져 있었다. 하지만 오늘날 『비밀의 화원』은 버넷이 쓴 여러 작품 중에서 가장 많이 사랑받는 작품이 되었다.

12. 『사람은 무엇으로 사는가』

톨스토이는 도스토옙스키와 함께 19세기 러시아 문학을 대표하는 대문호로 손꼽힌다. 그는 고귀한 인생 성찰을 통해 러시아 문학과 정치, 종교관에 놀라운 영향을 끼쳤고, 인간 내면과 삶의 참 진리를 담은 수많은 걸작을 남겨 지금까지도 러시아를 넘어 세계적인 대문호로 존경받고 있다.

『사람은 무엇으로 사는가』는 1885년 저술된 톨스토이의 단편소설로 기독교 신앙이 돋보이는 종교문학이다. 구두 장인인 세몬이 하나님에게 벌을 받고 세

상에 온 천사 미하일을 돌보는 사건부터 이야기가 시작되는데, 그리스도의 가르침을 실천하고자 한 톨스토이의 러시아 정교회 신앙이 담긴 작품이다. 『사람은 무엇으로 사는가』는 '사람의 마음속에 있는 것'과 '없는 것', '사람은 무엇으로 사는가'라는 세 가지 질문을 통해 단순하지만 명료한 가르침을 주는 작품이다. 톨스토이는 이 작품을 통해 인간 본성인 사랑을 일깨우고자 했다.

13. 『시튼 동물기』

『시튼 동물기』는 시튼이 야생 동물들의 생활과 습성, 그리고 그들이 살아가는 지혜를 이야기로 엮은 책이다. 이 가운데 「늑대왕 로보」는 시튼을 유명한 동물 작가로 만든 작품이다. 미국 뉴멕시코주 커럼포 고원의 목장에서 일어났던 일을 끈질기게 관찰하여 쓴 작품으로, 늑대의 왕 로보에 대한 생생한 기록이 담겨 있다. 늑대의 습성과 본능, 그리고 그들의 세계에서 벌어지는 기본 질서들을 낱낱이 기록했다는 것은 대단한 일이다. 시튼의 끈질긴 집념과 노력, 그리고 동물을 사랑하는 마음이 없었다면 아마 이런 기록은 이루어질 수 없었을 것이다.

시튼은 캐나다의 광활한 원시림에서 유년기를 보내며 자연의 아름다움에 눈을 떴다. 런던과 파리에서 그림을 공부하고 다시 캐나다로 돌아와 줄곧 야생 동물을 관찰했으며, 아메리카 원주민과 교류하고, 보이스카우트 설립 위원회에서 활동하며 아이들에게 야생을 접할 기회를 주었다. 직접 보고 듣고 체험한 것들을 바탕으로 야생 동물은 결코 인간보다 열등한 존재가 아님을, 저마다의 환경에서 적응하며 생존하는 독립적인 존재임을 감동적으로 들려주고 있다.

14. 『어린 왕자』

프랑스의 작가이고 비행사였으며 시인이었던 앙투안 드 생텍쥐페리는 어른이 되고 난 다음에도 아이들에게 많은 관심을 기울였다고 한다. 아름다운 이야기를 들려주기도 하고, 재미있고 유익한 놀이를 가르쳐주는 등 아이들의 호기심을 사로잡으며 그들의 가장 좋은 친구가 되었다. 남겨진 편지나 당시의 증언을 살펴보면, 실제로 아이들의 반응이 그가 글을 쓰는 데 큰 가르침을 주었다고 회고한다.

『어린 왕자』는 생텍쥐페리가 '추위와 배고픔에 시달리고 있어 깊은 위로가 필요한' 친구 레옹 베르트를 위해 쓴 책이다. 특히 '어린 시절의 레옹 베르트에게' 자신의 책을 바친다고 말하면서, 속물적이고 이기적이고 탐욕스러운 어른들의 세계를 비판하며 흔적 없이 사라져 버린 어린 시절 이야기를 다시 살려내 보여준다. 이 책은 어느 날 비행기 조종사가 황량한 사하라사막에 불시착하면서 시작된다. 사막에 발이 묶여버린 조종사는 소행성 B612에서 온 '어린 왕자'를 만나 친구가 된다. 조종사는 어린 왕자로부터 그가 외로웠고, 사랑했고, 상실했으며, 우정을 나누었던 이야기들을 듣게 되는데, 그것들은 곧 '삶과 인간의 본성'에 관한 이 책의 주제이기도 하다.

15. 『프랑켄슈타인』

19세기 천재 여성 작가 메리 셸리가 열아홉의 나이에 놀라운 상상력으로 탄생시킨 과학소설의 고전이다. 1816년 여름, 폭풍우가 몰아치던 어느 날에 메리 셸리는 다른 작가들과 괴담 짓기 대결을 했다. 이때 메리의 머릿속에 한 과학자가 전기 실험으로 시체를 되살리는 이야기가 스쳐 지나갔다. 바로 프랑켄슈타인과 괴물 이야기였다. 1818년에 처음 발표되고 1831년에 고쳐 쓰인 『프랑켄슈타인』은 과학 지식을 바탕으로 시대를 앞서는 상상력을 선보여 많은 사람을 놀라게 했다.

'프랑켄슈타인' 하면 흔히 납작한 머리와 나사가 비죽 튀어나와 있는 관자놀이, 무거운 눈꺼풀을 떠올린다. 하지만 '프랑켄슈타인'은 괴물의 이름이 아닌, 그 괴물을 만들어 낸 과학자의 이름이다. 생명이 탄생하는 원리에 대한 호기심을 키워 가다가 급기야 무생물에 생명을 불어넣고, 그 결과 끔찍한 결과를 초래하는 천재 과학자 프랑켄슈타인의 비극은 지나친 과학적 탐구욕과 자만심을 경계하지 않는다면 인류는 과학 기술로 자멸할 것임을 예언하고 있으며, 그 경고는 오늘날까지도 생생하게 다가온다.

글쓰기 연습 3

묘사하는 글 쓰기

「늑대왕 로보」의 주인공이 로보를 표현한 것처럼 묘사하는 글을 써 봅시다.
기억에 남는 사람이나 동물의 모습과 행동을 '묘사하기' 방법을 사용해 글로 써 보세요.
음식이나 물건, 건물 등을 관찰한 뒤 써 보아도 좋습니다.

묘사하는 글은 어떻게 쓸까요?

'묘사'란 어떤 사람이나 사물의 모습, 또는 풍경 같은 것을 눈앞에서 보는 것처럼 자세히 쓰는 방법이에요.

묘사할 때는 오감(보고, 듣고, 맛보고, 만지고, 냄새 맡는 다섯 가지 감각)을 충분히 살려 표현하면 좋아요.

(예)를 참고해 다음 쪽에 묘사하는 글을 써 보세요.

1. 묘사할 대상을 고르세요. 내가 잘 알거나 자세히 관찰할 수 있는 대상이 좋습니다.
2. 묘사할 내용을 몇 가지 고르세요.(키, 얼굴 생김새, 옷차림, 목소리, 걸음걸이 등)
3. 한 가지씩 차례대로 자세히 묘사해 보세요.

「늑대왕 로보」에서 묘사가 쓰인 곳

그곳에는 커럼포 사람들이 로보라고 부르는 잿빛 늑대가 위세를 떨치고 있었다. ……
로보의 발자국은 쉽게 알아볼 수 있었다. 보통 늑대의 발자국은 11~12센티미터쯤인데 로의 발자국은 14센티미터나 되었다. 나중에 알았지만 로보는 발 크기에 걸맞게 덩치도 커서 어깨높이가 1미터이고 몸무게는 68킬로그램이나 되었다.

(예) 묘사 대상: 강아지

나는 강아지 한 마리를 기르고 있다. 하얀 털을 가진 포메라니안이다. 솜뭉치 같은 털이 아주 풍성하고 포근해서 안고 있으면 기분이 좋아진다. 내 친구는 우리 강아지가 너구리를 닮았다고 했다. 그런 것 같기도 하다. 조그만 귀가 쫑긋하고 눈이 동그란 게 아주 똑똑하게 빛나기 때문이다. 코는 검은색이지만 살짝 분홍색이 섞여 있다. 입은 입꼬리가 조금 올라가서 항상 웃는 것처럼 보인다. 그래서 학교에서 기분 나쁜 일이 있어도 집에 와서 우리 강아지를 보면 마음이 풀린다. 몸길이는 20센티미터 정도 되고, 몸무게는 2.2킬로그램으로 작고 가볍다. 내가 오랫동안 안고 있어도 전혀 무겁지 않다.

제목:

Week 4

타임머신
블랙 뷰티
하늘을 나는 교실
동물 농장
오즈의 마법사

16 타임머신
미래 인류를 만나다

　지난주 목요일, 나는 여러분에게 타임머신의 원리에 관해 설명해 드렸지요. 드디어 오늘 아침 마지막 조립을 마치고 첫 여행을 다녀왔습니다. 제가 방금 다녀온 80만 2천몇 년 뒤의 세상에 대해 말씀드리겠습니다.

　미래 세상에 도착한 나는 타임머신 밖으로 나서자마자 이 여행을 시작한 것이 얼마나 무모한 일이었는지 깨달았습니다. 그동안 인류는 어떻게 변했을까? 인류가 잔인하게 변해 버렸다면? 비인간적인 데다 힘까지 세졌다면 어쩌지? 그들 눈에 나는 야만적인 동물로 보일 게 분명했어요. 나를 역겹게 생각해 죽일지도 모르죠.

　그런데 나는 곧 미래 세계의 허약한 사나이를 마주하게 되었어요. 그는 내게로 다가와 내 눈을 보며 웃었지요. 두려움이라곤 전혀 없는 태도에 조금 놀랐어요. 키가 1미터 20센티미터쯤 돼 보이는 왜소한 체구였는데, 자주색 윗옷을 입고 허리에는 가죽 벨트를 하고 있었죠. 발에는 샌들 같은 걸 신고 있었고, 다리는 무릎까지 맨살이 드러나 있었어요. 비슷한 차림의 사람들이 곧 도착하여 열 명 정도가 내 주위를 에워쌌어요. 그들은 달콤하고 부드러운 목소리로 뭐라 말하기 시작했죠. 나는 내 목소리가 그들에게 거칠게 들릴 것 같다는 생각이 들었어요. 나는 그들의 말을 알아들을 수 없다는 뜻으로 내 귀를 가리키며 고개를 저었습니다. 한 사람이 내게 가까이 오더니 내 손을 만졌어요. 내 등과 어깨에도 그들의 조그

많고 보드라운 손이 와 닿았습니다. 그 상냥한 손길에 나는 안심이 되었습니다. 게다가 그들은 몹시 약해 보여서 나 혼자도 충분히 그들 전부를 상대할 수 있을 것 같았거든요. 하지만 내 타임머신에는 절대 손대지 못하게 했습니다.

나는 그들과 어떻게 대화를 나눌지 고민했습니다. 도자기 인형처럼 귀엽게 생긴 그들은 모두 곱슬머리였는데, 목과 뺨 사이에서 싹둑 잘려있었습니다. 얼굴에는 솜털 하나 없었고, 귀는 아주 작았습니다. 입도 작았는데 얇은 입술은 새빨갰지요. 눈은 크고 부드러웠어요. 내가 손짓으로 대화를 시도하자 그들 중 한 사람이 내 손짓을 따라 했어요. 그러고는 천둥소리를 흉내 내 나를 놀라게 했습니다. 그 의미는 내가 태양으로부터 천둥을 타고 왔느냐 묻는 것이었습니다. 순간 나는 갑자기 이 사람들이 바보가 아닌가 하는 생각이 들었습니다. 나는 미래의 인간들은 지식이나 예술 등 모든 면에서 우리보다 훨씬 앞서 있을 거로 생각해 왔던 것 같습니다.

나는 다섯 살짜리 아이같이 해맑은 그들에게서 환영의 꽃목걸이를 받아 걸고 커다란 건물에서 식사를 대접받았습니다. 매끄러운 돌로 만든 커다란 식탁에 과일이 수북하게 쌓여 있었습니다. 커다랗지만 낡은 건물에 모두 모여 오직 과일만 먹는데, 식사 예절 따위는 없는 듯 손으로 마구 집어 먹더군요. 나중에 알았지만 말, 소, 양, 개 등의 동물은 이미 오래전에 멸종해 그들은 완전히 채식주의자들이 되어 있었던 것입니다.

작품정보

『타임머신』 (1895년), 허버트 조지 웰스 지음

'시간 여행자'가 타임머신을 타고 미래를 여행하는 이야기를 통해 인류의 역사와 다양한 사회 문제를 보여주는 책입니다. 이 부분은 주인공이 미래 세계에 도착해 미래 인간들을 만나 놀라면서도 실망하는 장면입니다.

1. 다음 중 '야만'과 뜻이 반대되는 낱말을 고르세요.

① 미개　② 문명　③ 무례　④ 원시

2. 이 글에서 주인공이 사람들에게 무엇에 대해 설명하고 있는지 빈칸을 채워 보세요.

> 나는 오늘 아침 ☐☐☐☐을 타고 ☐☐ 세상으로 여행을 다녀왔습니다. 나는 ☐☐가 어떻게 변했을지 무척 궁금했습니다.

3. 다음 중 주인공이 본 미래 사람들의 모습이 아닌 것을 고르세요.

① 키가 1미터 20센티미터 정도로 왜소하다.

② 목소리가 달콤하고 부드럽다.

③ 눈이 크고 입과 귀가 작다.

④ 여러 기능이 있는 자주색 옷을 입고 있다.

4. 주인공이 미래 사람들에게 실망한 까닭으로 맞는 것을 모두 찾아 ○표 하세요.

① 허락 없이 자기 몸에 손을 댔기 때문에 (　　)

② 자신에게 천둥을 타고 왔냐고 물었기 때문에 (　　)

③ 도자기 인형처럼 귀엽게 생겼기 때문에 (　　)

④ 미래 인간들은 훨씬 앞서 있을 거라 기대했기 때문에 (　　)

⑤ 식사 예절도 없이 과일을 손으로 마구 집어먹어서 (　　)

5. 밑줄 친 곳에 알맞은 말을 넣어 이야기 내용을 간추려 보세요.

> '나'는 _____을 타고 먼 미래로 가 미래 인간들을 만났다. 그들은 키가 작고 약했으며, 크긴 하지만 _____건물에 모여 _____만 먹는 등 모든 면에서 현재의 인류보다 뒤떨어져 있었다.

17 블랙 뷰티
생명을 구한 뷰티의 감각

늦가을 어느 날, 주인이 여행할 일이 있었다. 나는 존이 모는 마차에 주인을 태우고 즐거운 마음으로 길을 나섰다. 하지만 그날따라 비가 퍼붓고 바람까지 많이 불어 나뭇잎들이 우수수 떨어지고 있었다.

우리 마차는 나무다리의 통행료 받는 곳에 이르렀다. 비가 많이 오고 있었지만, 다리에는 튼튼한 난간이 있어서 괜찮아 보였다. 하지만 통행료 받는 사람은 걱정했다.

"강물이 빠르게 불어나고 있어요. 오늘밤엔 다리 건너기 위험할 거예요."

길에는 물이 제법 차올라 있었지만 길 안쪽은 괜찮았고, 주인이 나를 부드럽게 몰았기 때문에 큰 문제는 없을 것 같았다.

다리를 건너 마을에 도착한 후 나는 얌전히 주인을 기다렸다. 늦은 오후, 주인이 볼일을 다 보고 나서야 집으로 출발할 수 있었다. 바람은 더욱 세차게 불었다. 주인이 존에게 이렇게 심한 폭풍은 처음 본다고 할 정도였다.

숲을 지날 때 참나무가 폭풍에 쓰러져 우리 바로 앞을 가로막았다. 길이 막혀서 우리는 더 이상 앞으로 갈 수 없었다. 샛길로 돌아 다시 다리에 도착한 것은 어둑어둑해질 때였다. 강물이 다리 위까지 차오른 것이 보였다. 그런데도 주인은 마차를 멈추지 않았다. 그러나 나는 그 다리에 발 하나를 내딛는 순간, 무언가 잘못되었다는 것을 느낄 수 있었다. 나는 그 자리에 우뚝 멈춰 섰다.

"계속 가거라, 뷰티."

주인이 채찍으로 나를 살짝 쳤다. 나는 꼼짝도 하지 않았다. 그러자 주인이 세게 채찍질을 했다. 나는 제자리에서 펄쩍 뛰기만 하고 앞으로 나가지 않았다.

"무슨 문제가 있는 것 같아요, 주인님."

존이 마차에서 내려 나를 살펴보았다.

"블랙 뷰티, 왜 그래?"

나는 대답할 수는 없었지만 다리가 안전하지 않다는 것을 느낌으로 알 수 있었다. 바로 그때, 강 건너 통행료 받는 곳에서 사람이 건물 밖으로 나와 미친 사람처럼 등불을 마구 흔들었다.

"어이, 이봐요. 멈춰요. 오지 말아요!"

그 사람이 소리쳤다.

"무슨 일입니까?"

주인이 큰 소리로 물었다.

"다리 가운데가 끊어져서 강물에 떠내려갔어요."

그 말을 들은 주인과 존은 내가 아니었다면 우리 모두 강물에 빠져 죽고 말았을 거라고 말했다. 나의 감각 때문에 우리 모두 무사할 수 있었으며, 하느님은 인간에게는 이성을 주고 동물에게는 감각을 주었다는 얘기도 했다.

작품정보

『블랙 뷰티』 (1877년), 애나 슈얼 지음

훌륭한 경주마의 혈통을 타고난 '블랙 뷰티'라는 말이 평생 사람을 위해 최선을 다하는 이야기입니다. 이 부분은 뷰티의 감각 덕분에 다리가 끊어진 강을 건너지 않아 모두의 목숨을 구한 장면입니다.

1. 다음 낱말들의 뜻을 찾아 각각 줄로 이어주세요.

① 샛길　　•　　　　•　㉠ 생각하는 능력

② 통행료　•　　　　•　㉡ 큰길에서 갈라져 나간 작은 길

③ 이성　　•　　　　•　㉢ 일정한 장소를 지나는 데 내는 돈

④ 감각　　•　　　　•　㉣ 눈, 코, 귀, 혀, 살갗을 통하여 바깥의 어떤 자극을 알아차림

2. 등장인물과 그들이 한 일이 잘못 쓰인 것을 고르세요.

① 존: 뷰티가 다리 앞에 멈춰 서자 채찍질을 했다.

② 통행료 받는 사람: 비가 많이 와 다리가 위험해질 것을 걱정했다.

③ 주인: 마차를 타고 강 건너 마을에 볼일을 보러 갔다.

④ 뷰티: 위험을 느끼고 다리 앞에 멈춰 섰다.

3. 다음 문장의 빈칸에 알맞은 말을 보기에서 찾아 써 보세요.

보기

뷰티　샛길　존　마을　다리

공부한날   월   일   요일

① '나'의 이름은 _____ 다.

② 참나무가 길을 막는 바람에 마차는 _____ 로 돌아서 가게 되었다.

③ '나'의 감각 때문에 _____ 를 건너지 않아 모두 무사했다.

4. 다음 일들이 일어난 순서대로 ( ) 안에 번호를 써 보세요.

① 강물이 불어나는 것을 보고 통행료 받는 사람이 나무다리를 걱정했다. (   )

② 비바람이 부는 날 주인과 존을 태운 마차가 출발했다. (   )

③ 위험을 느낀 뷰티가 다리 앞에 멈춰 서서 모두 무사할 수 있었다. (   )

④ 참나무가 쓰러져 마차가 샛길로 돌아서 갔다. (   )

⑤ 주인이 일을 마치고 오후 늦게 집을 향해 출발했다. (   )

5. 밑줄 친 곳에 알맞은 말을 넣어 이야기 내용을 간추려 보세요.

어느 비바람 부는 날 '나'는 _____과 _____을 태운 마차를 끌고 여행길을 떠났다. 돌아오는 길에 '나'가 위험을 느끼고 _____ 앞에 멈춰선 덕분에 모두 무사할 수 있었다. 목숨을 건진 사람들이 하느님께서 인간에게는 _____을, 동물에게는 _____을 주었다고 했다.

블랙 뷰티

18 하늘을 나는 교실
난 겁쟁이가 아니야

연극 〈하늘을 나는 교실〉 마지막 연습 날이었다. 마티아스는 엄청나게 많은 과자를 사 가지고 와서 열심히 먹어 댔다. 울리는 옆구리에 우산을 끼고 좀 늦게 나타났다. 제바스티안이 물었다.

"우산은 뭐 하러 갖고 온 거야?"

울리는 아무 대답도 없었고, 다른 친구들도 더 이상 묻지 않았다. 하지만 제바스티안은 평소 아이들에게 놀림을 너무 많이 받은 울리가 다른 날과는 달라 보여 신경 쓰였다. 울리는 우산을 한쪽 구석에 놓았다.

아이들은 요니가 쓴 크리스마스 연극 대본으로 연습을 시작했다. 연습은 막힘없이 끝나 모두들 만족했다. 마티아스가 의기양양하게 말했다.

"그것 보라고, 나는 많이 먹을수록 기억력이 좋아진다니까!"

모두 다시 한번 신중하게 무대 의상과 소품을 의논했다. 그러고 나서 배경을 빨리 바꾸는 연습을 시작했다. 그런데 울리는 친구들이 눈치채지 못하게 슬그머니 강당에서 빠져나왔다.

눈 덮인 운동장에서 쉰 명도 넘는 학생들이 호기심에 가득 차 울리를 기다리고 있었다. 전부 하급생들이었고, 상급생들은 이 사실을 전혀 모르고 있었다. 모여 선 학생들은 해서는 안 될, 심상치 않은 일이 곧 벌어질 것 같다고 생각했다. 한 아이가 말했다.

"아마 안 올 걸."

그때 울리가 나타났다. 울리는 말없이 운동장 구석에 있는 철봉대로 걸어갔다. 누군가가 물었다.

"우산은 왜 들고 있는 거지?"

울리는 철봉대 한쪽에 붙어 있는 쇠사다리를 기어 올라갔다. 꼭대기 바로 아래 칸까지 올라가서는 모여 있는 학생들을 내려다보았다. 약간 휘청거리던 울리는 다시 똑바로 서서 외쳤다.

"내가 보여주려는 건 바로 이거야. 나는 지금 우산을 펴고 뛰어내릴 거야. 나는 겁쟁이가 아니라고!"

연극 연습을 마치고 울리를 찾으며 강당에서 나오던 마티아스, 제바스티안, 마르틴, 요니는 철봉대 위에서 머리 위로 우산을 펼쳐 든 울리를 보았다. 네 아이는 동시에 외쳤다.

"울리, 안 돼, 멈춰!"

울리는 그 순간 뛰어내렸다. 우산은 뒤집어졌고 울리는 눈 덮인 언 땅 위로 떨어져서 쓰러진 채로 움직이지 않았다. 하급생들은 소리를 지르며 뿔뿔이 흩어졌고 네 친구들은 다친 울리 곁에 모였다. 요니는 간호사를 부르러 기숙사로 달려가고, 마르틴은 옆집에 사는 의사 선생님을 부르러 갔다. 마티아스는 울리를 쓰다듬으며 눈물을 흘렸다.

작품정보

『하늘을 나는 교실』 (1933년), 에리히 케스트너 지음

김나지움(기숙학교) 안에서 학생들과 교사들 사이에 일어나는 다양한 이야기를 담은 책입니다. 이 부분은 연극 <하늘을 나는 교실> 마지막 연습 날 아이들 앞에서 용기를 증명하고 싶었던 울리의 이야기입니다.

1. 다음 낱말들의 뜻을 찾아 줄로 이어주세요.

① 대본 · · ㉠ 뜻한 바를 이루어 만족한 마음이 얼굴에 나타난 모양

② 의기양양 · · ㉡ 연극 무대나 영화 촬영장에서 사용하는 작은 물건

③ 소품 · · ㉢ 학년이 낮은 학생

④ 하급생 · · ㉣ 연극의 상연이나 영화 제작에 있어서 기본이 되는 글

2. 등장인물 설명이 잘못된 것을 고르세요.

① 마티아스: 먹는 것을 좋아한다.

② 요니: 크리스마스 연극의 대본을 썼다.

③ 울리: 비가 올 것 같아 우산을 챙겨 왔다.

④ 제바스티안: 울리가 평소와 달라 보여 신경 쓰였다.

공부한 날   월   일   요일

3. 이야기 내용으로 맞는 문장에는 ○표, 틀린 문장에는 ×표 하세요.

① 강당에서는 아이들이 연극 연습을 했다. (   )

② 운동장에서는 전교생이 울리를 기다리고 있었다. (   )

③ 네 친구는 뛰어내리려는 울리를 응원했다. (   )

④ 울리는 철봉대에서 뛰어내렸지만 다행히 다치지는 않았다. (   )

4. 다음은 울리가 철봉대에서 뛰어내린 까닭입니다. 빈칸에 알맞은 낱말을 쓰세요.

> 울리는 평소 아이들에게 □□을 많이 받아 자신이 □□□가 아니라는 것을 보여주고 싶어 철봉대에서 뛰어내렸다.

5. 밑줄 친 곳에 알맞은 말을 넣어 이야기 내용을 간추려 보세요.

> 크리스마스를 앞둔 어느 날 울리와 친구들은 _____ 에서 마지막 _____ 연습을 했다. 연습이 끝난 후 _____ 는 아이들에게 용감한 행동을 보여주려고 _____ 위에서 뛰어내렸다.

하늘을 나는 교실 **107**

19 동물 농장

메이저 영감의 꿈

　매너 농장의 주인 존스 씨의 침실에 불이 꺼지자마자 농장의 동물들은 술렁이기 시작했다. 농장 동물들의 존경을 받는 돼지 메이저 영감이 지난밤 꾼 꿈 얘기를 동물들에게 들려주겠다고 했기 때문이다. 동물들은 메이저 영감의 꿈 얘기를 듣기 위해 하나둘 헛간으로 모였다.

　지혜롭고 인자한 모습의 메이저 영감이 헛간 한쪽 높은 곳에 자리를 잡았다. 개, 돼지, 암탉, 비둘기, 양, 암소들이 차례로 도착했고, 짐마차를 끄는 말들과 염소, 당나귀들도 들어왔다. 새끼 오리들과 존스 씨의 마차를 모는 말, 마지막으로 고양이까지 모두 모였다. 메이저 영감은 헛기침을 한 번 하고 연설을 시작했다.

　"여러분, 모두 지난밤 내 꿈 얘기를 들으러 모인 것이지요? 그 얘기를 하기 전에 다른 이야기를 먼저 좀 하겠습니다. 내가 여러분과 함께 할 수 있는 시간이 얼마 남지 않았습니다. 그래서 죽기 전에 내가 살아오면서 얻은 지혜를 여러분에게 전해 주고 싶습니다.

　나는 동물들의 삶에 관해 이야기하고 싶습니다. 우리 동물들의 삶은 비참합니다. 겨우 굶어 죽지 않을 만큼 먹이를 먹으며 힘이 다할 때까지 일을 합니다. 쓸모가 없어지면 바로 죽임을 당합니다. 행복이나 여가라는 말은 알지도 못합니다. 비참한 노예의 삶이죠. 이것이 자연의 질서일까요? 아닙니다. 인간 때문입니다. 우리가 일해서 얻은 모든 것을 인간들이 빼앗아 가기 때문입니다. 인간들을 몰아내면 우리는 풍요와 자유를 얻게 될 것입니다.

그렇다면 우리가 할 일은 무엇일까요? 인간들을 몰아내기 위해 반란을 일으킵시다! 인간들은 자신의 이익밖에 모릅니다. 동물들은 하나가 되어 힘을 모아야 합니다. 인간은 동물들의 적이고 모든 동물은 우리의 형제이며 동지입니다. 우리 동물들은 모두 평등합니다.

자, 이제 지난밤 꿈 얘기를 해 드리지요. 꿈 내용을 자세히 설명할 수는 없습니다. 그 꿈은 인간이 사라지고 난 후에 이 땅의 모습에 대한 것이었습니다. 나는 그 꿈 때문에 오랫동안 잊고 있던 노래가 기억났습니다. 이제 그 노래를 여러분에게 들려주겠습니다."

동물들은 메이저 영감이 불러주는 '영국의 동물들'이라는 노래를 따라 부르기 시작했다. 농장 전체가 들썩거릴 정도로 신나게 다섯 번이나 불렀다. 그들의 우렁찬 노랫소리 때문에 존스 씨는 잠에서 깼다. 마당에 여우가 들어온 것으로 착각한 존스 씨가 허공에 여섯 발이나 총알을 날리자, 동물들의 모임은 급히 끝나고 말았다.

사흘 뒤 메이저 영감은 자다가 평화로운 죽음을 맞이했다. 그러나 메이저 영감의 이야기와 노래를 가슴에 새긴 동물들은 비밀 활동을 시작했다.

작품 정보

『동물 농장』 (1945년), 조지 오웰 지음

인간에게 억눌리지 않는 동물들만의 자유롭고 평등한 세상을 만들고 싶었지만 뜻하지 않은 방향으로 변해가는 농장 이야기입니다. 이 장면은 지혜로운 돼지 메이저 영감이 동물들에게 자유와 평등을 되찾으라고 일깨워주는 부분입니다.

1. 다음 중 메이저 영감이 꿈꾸는 세상에 어울리지 않는 낱말을 고르세요.

① 노예 ② 풍요 ③ 자유 ④ 평등

2. 메이저 영감의 말을 통해 알 수 있는 농장 동물들의 삶의 모습이 아닌 것을 고르세요.

① 배불리 먹지 못한다.

② 죽도록 일만 한다.

③ 쓸모가 없어지면 죽임을 당한다.

④ 행복과 여가를 즐긴다.

3. 다음 글 속에 들어갈 알맞은 말을 보기에서 찾아 쓰세요.

> **보기**
> 돼지 꿈 돈 존경 공감 인간

① 메이저 영감은 농장 동물들의 _____ 을 받았다.

② 동물들은 메이저 영감의 _____ 이야기를 들으려고 헛간에 모였다.

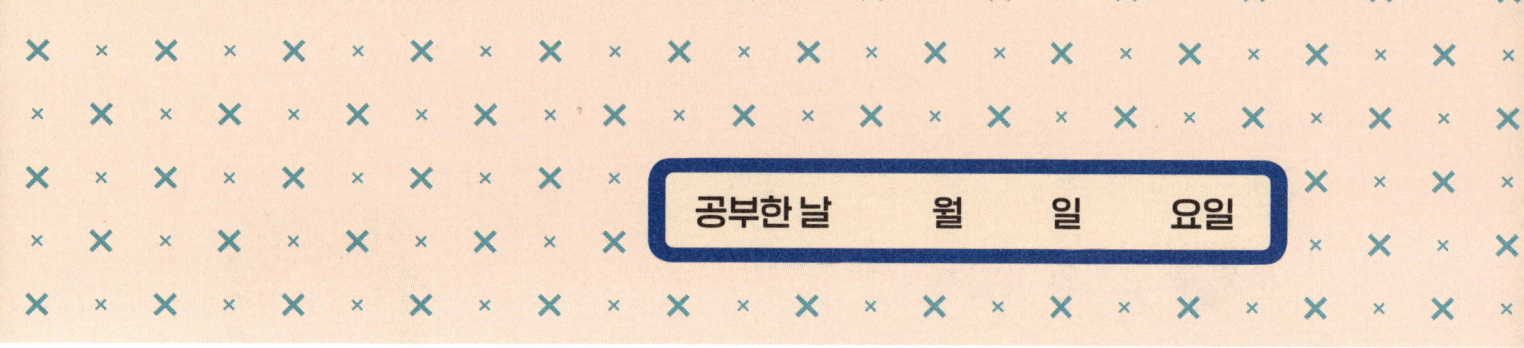

③ 동물들이 비참한 노예의 삶을 사는 것은 _____ 때문이다.

4. 메이저 영감이 동물들에게 한 말을 읽어 보고, 내용에 맞는 표현에 ○표 하세요.

> 인간들을 몰아내기 위해 (반란 / 소란)을 일으킵시다! 인간은 동물들의 (주인 / 적)이고 모든 동물은 우리의 형제이며 (동지 / 자매)입니다. 우리 동물들은 모두 (평등 / 행복)합니다.

5. 밑줄 친 곳에 알맞은 말을 넣어 이야기 내용을 간추려 보세요.

> 매너 농장 동물들의 존경을 받는 돼지 _____은 동물들의 삶이 비참해진 것은 _____때문이니 그들을 몰아내기 위해 _____을 일으켜야 한다고 했다. 메이저 영감은 곧 죽었지만 동물들은 그 꿈을 이루기 위해 _____을 시작한다.

동물 농장 111

20 오즈의 마법사
동쪽 마녀의 은구두

도로시는 '쿵' 하는 소리에 잠에서 깨어났다. 푹신한 침대에 누워 있었기 때문에 다치지는 않았지만 굉장히 큰 소리였기 때문에 몹시 놀랐다. 강아지 토토는 차가운 코를 도로시의 얼굴에 비벼 대면서 낑낑거렸다.

잠시 후 침대에 걸터앉은 도로시는 회오리바람이 멈추어 집이 더 이상 날고 있지 않다는 것을 깨달았다. 창문으로 밝은 햇살이 쏟아져 들어오고 있었다. 도로시는 문을 열어 밖을 내다보고는 눈앞에 펼쳐진 풍경에 놀라 소리를 지르고 말았다. 회오리바람은 도로시의 집을 어느 아름다운 고장 한복판에 내려놓은 것이었다. 아름다운 풀밭과 화려한 꽃들, 나무에 주렁주렁 매달린 과일들, 깃털이 멋진 새들이 지저귀는 소리 사이로 들리는 시냇물 소리는 무척이나 상쾌했다.

그런데 도로시의 집 쪽으로 이상한 사람들이 다가오고 있었다. 그들은 도로시보다 나이가 훨씬 많아 보였고 옷차림도 아주 이상했다. 그들은 도로시 쪽으로 오다가 걸음을 멈추었다. 키가 작은 할머니가 도로시 쪽으로 가까이 오더니 공손하게 허리를 굽히고 인사를 했다. 그러고는 상냥한 목소리로 말했다.

"고귀하신 마법사 아가씨, 먼치킨의 나라에 오신 것을 환영합니다. 아가씨가 못된 동쪽 마녀를 죽여 준 덕분에 이곳 백성들은 노예 생활에서 해방되었답니다. 정말 고맙습니다."

도로시는 어리둥절해져 이렇게 대답했다.

"하지만 저는 마법사도 아니고 누구를 죽이지도 않았어요."

할머니가 웃으며 말했다.

"아가씨의 집이 한 일이랍니다. 저기를 보세요."

할머니가 가리키는 집 모퉁이에는 집을 받치는 통나무 밑에 뾰족한 은구두를 신은 두 발이 튀어나와 있었다. 도로시는 너무 놀라 소리쳤다.

"어머나, 큰일이네! 우리 집이 저 사람 위로 떨어졌나 봐요. 어쩌면 좋아요?"

할머니가 차분하게 말했습니다.

"괜찮아요. 저 여자는 오랫동안 먼치킨들을 노예처럼 부려 먹던 못된 동쪽 마녀랍니다. 그런 마녀를 아가씨가 죽여 주었으니 먼치킨들은 아가씨의 은혜에 감사하고 있답니다."

"그렇군요. 그런데 할머니는 누구세요?"

"나는 이 소식을 듣고 온 북쪽 마녀랍니다. 착한 마녀이니 걱정하지 말아요. 오, 우리가 말하는 사이에 못된 동쪽 마녀가 햇빛에 말라서 사라져 버렸네요. 저 은구두는 아가씨가 신어야 해요."

이렇게 해서 도로시는 동쪽 마녀의 마법 은구두를 선물 받게 되었다.

작품정보

『오즈의 마법사』 (1900년), 라이먼 프랭크 바움 지음

도로시라는 소녀가 허수아비, 양철 나무꾼, 겁쟁이 사자와 함께 마법사 오즈를 찾아 떠나는 모험 이야기입니다. 이 장면은 회오리바람에 날아간 도로시가 먼치킨의 나라에 도착해 마법 구두를 선물 받는 내용입니다.

1. 아래의 문장에 알맞은 낱말을 보기에서 골라 적으세요.

> **보기**
> 충격 지배 노예 해방 은혜

① 우리는 일본의 항복으로 _____을 맞았다.

② 왕은 왕국을 _____하는 가장 높은 사람이다.

③ _____들의 생활은 말할 수 없이 비참했다.

2. 도로시가 침대에서 갑자기 잠에서 깬 까닭을 고르세요.

① 강아지 토토가 차가운 코를 도로시 얼굴에 비벼서

② 먼치킨들이 도로시 집 주변에서 웅성거려서

③ 북쪽 마녀가 일어나라고 도로시에게 소리쳐서

④ 회오리바람에 날아가던 집이 땅에 내려앉아서

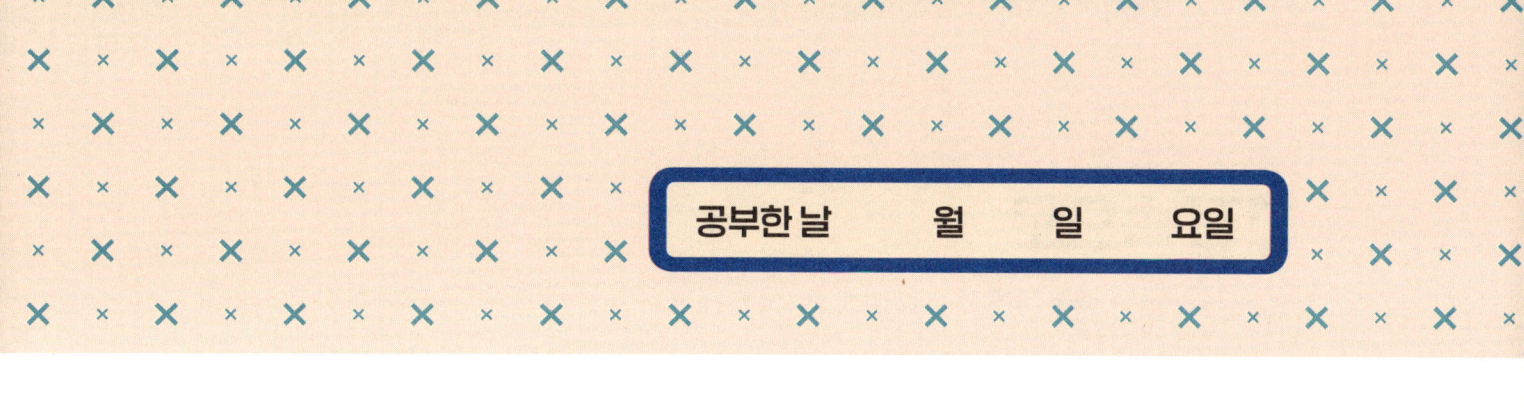

3. 등장인물들이 한 일로 알맞은 것을 찾아 줄로 이으세요.

① 도로시 · · ㉠ 북쪽 마녀에게 누구냐고 물어보았다.

② 먼치킨들 · · ㉡ 도로시의 집에 깔려 죽었다.

③ 동쪽 마녀 · · ㉢ 오랫동안 동쪽 마녀에게 노예처럼 지배당했다.

④ 북쪽 마녀 · · ㉣ 도로시에게 은구두를 가지라고 했다.

4. 다음 중 도로시가 은구두를 선물 받은 까닭을 모두 골라 ○표 하세요.

① 도로시가 착한 아이라는 것을 북쪽 마녀가 알고 있었기 때문 (   )

② 먼치킨을 괴롭히던 동쪽 마녀가 도로시 때문에 죽었기 때문 (   )

③ 은구두의 주인이 햇빛에 말라 사라졌기 때문 (   )

5. 밑줄 친 곳에 알맞은 말을 넣어 이야기 내용을 간추려 보세요.

_____을 타고 날던 도로시의 집에 _____가 깔려 죽자, 노예처럼 지배받던 먼치킨들이 해방되었다. _____는 도로시에게 감사하며 동쪽 마녀의 _____를 주었다.

오즈의 마법사 **115**

고전 속으로

16. 『타임머신』

1885년, 영국의 소설가인 허버트 조지 웰스는 빠른 속도로 시간을 여행하는 기계를 상상했다. 이 기계의 이름이 바로 '타임머신'이다. 『타임머신』은 시간 여행을 주제로 한 최초의 공상 과학(SF) 소설이면서 웰스에게 '공상 과학 소설의 창시자'라는 수식어를 안긴 소설이기도 하다.

소설은 상상 속에나 존재할 법한 기계를 발명해 낸 '시간 여행자'가 무려 80만 년이라는 시간을 뛰어넘어 모험을 시작한다. 서기 802701년의 세계에서 타임머신을 잃어버린 그는 '엘로이'와 '몰록'이라는 두 종류의 인간을 만나고, 타임머신을 되찾으려는 노력 속에서 그들의 비밀을 하나하나 알아간다. '시간 여행자'가 지인들에게 자신이 경험한 미래 세계를 이야기해 주는 형식으로 구성되어 있으며, 인류의 미래에 대해 강력한 경고를 내포하고 있다. 인류의 과학 기술과 문명이 미래 세계에 어떻게 펼쳐질지 독자의 상상력을 자극하는 빠른 전개와, "광대한 미지의 세계"를 탐험하는 시간 여행자의 긴박한 모험은 우리를 서기 802701년의 지구로 순간 이동시킨다.

17. 『블랙 뷰티』

19세기 영국 작가 애나 슈얼이 생애에 남긴 유일한 소설이다. 1877년 영국에서 출간되자마자 전 연령대에 걸쳐 읽는 베스트셀러가 되었으며, 200년이 넘는 시간 동안 끊임없이 사랑받으며 세계적인 어린이책의 고전으로 자리 잡았다.

『블랙 뷰티』는 평생 질병과 장애로 고통받았던 작가 애나 슈얼이 삶의 끝자락에서 어머니의 도움을 받아 천신만고 끝에 완성해 낸 역작으로도 유명하다. 어린 시절 겪은 사고로 다리에 장애를 얻어 평생 말의 도움 없이는 이동할 수 없었던 그는 그 헌신에 보답하듯 동물에 대한 깊은 애정을 담은 '검은 말'의 이야기를 써 내려갔다. 마침내 출간된 초판에는 '어느 말의 자서전'이라는 부제가 붙었다. 검은 말 '뷰티'가 농장주인, 마을의 영주, 백작 부인, 마차대여업자, 승객용 마차 운전수 등 다양한 사람들을 만나면서 겪는 삶의 기쁨과 슬픔은 말이 화자가 된 일인칭 시점으로 전개되어 더욱 깊고 풍부한 감동을 준다. 말에 대한 잘못된 처우를 맹렬하게 비판한 동물복지를 설파한 기념비적인 소설로 평가받고 있다.

18. 『하늘을 나는 교실』

독일의 대표적인 어린이책 작가이자 시인인 에리히 캐스트너가 집필한 장편소설이다. 2차대전 직전 시기를 배경으로 독일 키르히베르크에 위치한 김나지움(기숙학교)에서 크리스마스를 앞두고 '하늘을 나는 교실'이라는 연극을 준비 과정에서 학생들과 선생님들 간에 일어나는 크고 작은 에피소드를 액자식 구성으로 보여주는 작품이다. 소설은 학생들 간의 우정, 그리고 이들이 따뜻하고 선한 마음을 가지고 자라날 수 있도록 어른들이 도와줘야 한다는 주제 의식을 보여준다.

『하늘을 나는 교실』에는 다양한 개성을 지닌 인물들이 등장한다. 정의롭고 자상하신 뵈크 선생님과 엄마, 아빠 없는 고아지만 늘 웃음을 잃지 않는 요니, 공부 잘하고 그림도 잘 그리는 대장 마르틴, 키가 작고 겁쟁이라고 놀림만 당하는 울리, 울리를 누구보다도 아껴 주는 먹보 마티아스, 공부는 잘 못하지만 어려운 책들을 많이 읽는 제바스티안이 주요 등장인물이다. 이 다섯 친구가 신나게 사고를 저지르고 또 해결해 나가는 과정이 눈 덮인 크리스마스철을 배경으로 감동적으로 펼쳐진다.

19. 『동물 농장』

우화 형식으로 당대의 정치적 현실을 날카롭고 남김없이 그려낸 『동물 농장』은 『1984』, 『카탈로니아 찬가』와 함께 조지 오웰이 남긴 영국 문학의 위대한 결실이다. 사회주의 혁명의 성공과 실패를 소설로 쓰기로 마음먹은 오웰은 어느 날 한 소년이 말을 거칠게 끌고 가는 모습을 보고 이런 생각을 한다.

'동물들이 자신의 힘이 얼마나 대단한지 깨달을 수 있다면 지금처럼 착취당하지 않을 텐데. 인간이 동물을 착취하는 것은 부자가 프롤레타리아(노동자)들을 착취하는 것과 같구나.'

여기서 작품의 구체적인 아이디어를 얻은 오웰은 1917년 러시아 혁명 이후 스탈린 독재 체제가 보여준 절대 권력의 위험과 패악을 우화 형식으로 풍자한 소설 『동물 농장』을 완성한다. 오웰은 "『동물 농장』은 내가 정말로 공들여 쓴 유일한 작품이다."라고 했다.

이 작품은 처음엔 거의 모든 출판사에서 출판을 거절할 정도로 홀대받았다.

낙담한 오웰은 친구에게 돈을 꾸어 자비로 출판하는 방법까지 모색했으나, 그의 전작 『카탈로니아 찬가』를 출간했던 섹커 앤드 와버그 출판사의 결정으로 겨우 출간할 수 있었다.

20. 『오즈의 마법사』

작가 라이먼 프랭크 바움은 마흔이 넘은 나이에 처음으로 어린이를 위한 이야기를 쓰기 시작했다. 자신의 아이들에게 재미있는 이야기를 들려주기 위해 이야기를 쓰기 시작했던 것만큼, 바움은 기존의 교훈적인 동화를 탈피해 재미있고 독창적인 모험의 세계를 거침없이 그려냈다.

『오즈의 마법사』는 회오리바람에 실려 오즈의 나라에 오게 된 도로시가 다시 캔자스 집으로 돌아가기까지의 과정을 그린 이야기로, 도로시가 지혜가 없는 허수아비, 마음이 없는 양철 나무꾼, 겁쟁이 사자와 같은 독특한 캐릭터의 친구들을 차례로 만나 동행하며 펼치는 환상적인 모험을 담은 작품이다.

바움은 전통적인 동화에 나오는 난쟁이나 요정과 같은 전형적인 캐릭터들을 없애고 어디에서도 볼 수 없었던 개성 강한 캐릭터들을 탄생시켰다. 이런 점 때문에 『오즈의 마법사』는 출간되자마자 사람들의 마음을 단번에 사로잡았고, 한 세기가 훌쩍 지난 지금에도 여전히 독자들을 매혹한다.

글쓰기 연습 4

소개하는 글 쓰기

소개하는 글을 써 봅시다. 『타임머신』의 주인공은 자신이 타임머신을 타고 가서 보고 온 미래 세계를 사람들에게 소개했습니다. 내가 상상하는 미래 세계를 친구에게 소개하는 글을 써 봅시다. 또는 자신이 잘 알고 있는 사물이나, 장소, 음식 등을 소개해도 좋습니다.

소개하는 글은 어떻게 쓸까요?

(예)를 참고해 다음 쪽에 소개하는 글을 써 보세요.
1. 소개할 대상을 고르세요. 내가 잘 알고 있는 대상이 좋습니다.
2. 소개할 내용을 몇 가지 고르세요.
    - 음식이라면 재료, 맛, 냄새, 어떤 때 먹으면 좋은지, 조리법 등
    - 내가 상상하는 미래라면, 사람들의 생김새나 옷차림, 건물이나 교통수단, 학교나 직장의 모습 등
3. 한 가지씩 차례대로 자세히 소개해 보세요.

『타임머신』에서 소개한 미래 세계

나는 다섯 살짜리 아이같이 해맑은 그들에게서 환영의 꽃목걸이를 받아 걸고 커다란 건물에서 식사를 대접받았습니다. 매끄러운 돌로 만든 커다란 식탁에 과일이 수북하게 쌓여 있었습니다. 커다랗지만 낡은 건물에 모두 모여 오직 과일만 먹는데, 식사 예절 따위는 없는 듯 손으로 마구 집어 먹더군요. 나중에 알았지만 말, 소, 양, 개 등의 동물은 이미 오래전에 멸종해 그들은 완전히 채식주의자들이 되어 있었던 것입니다.

(예) 소개할 내용: 김치부침개

우리 엄마 김치부침개는 세상에서 제일 맛있다. 엄마표 김치부침개를 소개하겠다.
엄마는 밀가루와 튀김가루, 김치, 오징어, 달걀을 넣어 김치부침개를 만드신다. 오징어가 없을 때는 안 넣기도 하지만 그래도 맛있다.
반죽이 다 되면 뜨거운 프라이팬에 기름을 두르고 반죽을 붓는다. 이때 반죽을 숟가락으로 두세 번 정도 떠 넣어서 내 손바닥보다도 작게 만드는 게 포인트다. 작게 만든 김치부침개는 먹기도 편하고, 금방금방 또 다음 부침개가 구워지니까 많이 먹는 느낌이 든다. 왜인지는 모르겠지만 비가 오면 김치부침개 생각이 난다. 아빠가 비만 오면 김치부침개 얘길 하셔서 그런지도 모른다.

제목:

Week 5

나의 라임오렌지 나무
15소년 표류기
홍당무
피노키오
보물섬

21 나의 라임오렌지 나무
선물 없는 크리스마스

크리스마스이브 아침, 나와 동생 루이스는 시내에 나가기 위해 일찍 일어났다. 크리스마스이브에는 시내에 큰 트럭이 와서 아이들에게 인형 선물을 나누어 준다. 인형을 받으려면 아침 일곱 시까지 가야 한다.

나는 루이스의 얼굴을 씻어 주고, 머리를 빗겨 주었다. 옷도 갈아입히고 신발도 신겼다. 나는 옷을 갈아입고 낡은 운동화를 신으면서 동생을 바라보았다. 루이스는 귀엽고 깜찍해서 꼭 아기 예수님 같아 보였다. 나는 루이스의 손을 잡고 누나에게 갔다.

누나는 일을 해야 하기 때문에 우리를 시내에 데려다 줄 수 없었다. 하지만 시내는 너무 멀고 자동차도 많고 복잡해서 우리끼리 갈 수는 없었다. 그때 나는 다섯 살이었다.

"누나는 할 일이 많아서 너희들을 데려다줄 수 없어, 제제."

이렇게 말하는 누나의 눈에는 눈물이 고여 있었다. 그렇게 해서라도 크리스마스 선물을 꼭 받고 싶은 우리의 마음을 알고 있었기 때문이다. 누나는 우리를 데리고 밖으로 나갔다. 시내 쪽으로 가는 사람이 있으면 우리를 데려다 달라고 부탁해 보겠다고 했다. 그러나 지나가는 사람은 아무도 없었고 시간만 흘러갔다. 나는 조마조마했다.

'큰일이다. 일곱 시까지는 가야 하는데.'

그때 집배원 아저씨가 나타났다. 누나가 아저씨에게 우리를 데려다 달라고 부탁했다. 다행히 아저씨는 그러겠다고 했다. 나와 루이스는 너무나도 기뻤다. 누나는 그제야 마음이 놓이는지 미소를 띠며 루이스와 내 볼에 뽀뽀를 했다.

드디어 출발이다. 하지만 집배원 아저씨는 집집마다 편지를 배달하느라 바빴고 시간도 오래 걸렸다. 큰길이 나오자 아저씨는 우리에게 말했다.

"너희들 때문에 아저씨 일이 늦어졌어. 이제 위험한 곳은 없으니 너희들끼리 가거라. 이 길을 따라 죽 가면 되니까."

그러고는 편지 가방을 메고 급히 가 버렸다. 나는 루이스의 손을 꼭 잡고 걸었다.

"루이스, 힘내. 조금만 가면 선물을 받을 수 있어."

"형, 다리 아파."

나는 루이스를 업고 걸었다. 지친 다리를 끌고 시내에 거의 다 왔을 때 교회 종소리가 들렸다. 여덟 시를 알리는 종이었다. 숨을 헐떡이며 시내에 들어가 보니 선물 트럭은 이미 떠났고 길에는 포장지만 널려 있었다. 나는 눈물이 날 것 같았지만 꾹 참고, 울고 있는 루이스를 끌어안고 달랬다.

"내가 이다음에 어른 되면 멋진 차를 사 줄게. 울지마, 루이스."

『나의 라임오렌지 나무』 (1968년), 주제 마우루 바스콘셀로스 지음

어려운 환경에서 놓인 소년 제제가 나무를 친구 삼아 이야기하고 뽀르뚜가 아저씨와 친구가 되면서 성장해 가는 이야기입니다. 이 장면은 가난한 집 아이인 제제가 동생을 데리고 크리스마스 선물을 받으러 시내에 나가는 장면입니다.

1. 다음 중 이 글 속에 나온 '시내'와 다른 뜻으로 쓰인 문장을 고르세요.

   ① 다리 밑으로 맑은 시내가 흘렀다.

   ② 할머니 댁은 시내에 있지만 조용했다.

   ③ 우리는 시내를 둘러보기 위해 호텔을 나섰다.

   ④ 대형마트는 시내에 있다.

2. 다음 문장을 읽고 내용에 맞게 빈칸에 알맞은 말을 넣으세요.

   > 나와 루이스는 ☐☐☐☐☐ 선물을 받기 위해 ☐☐에 나가려고 아침 일찍 일어났다.

3. 나와 루이스가 집배원 아저씨를 따라간 까닭이 아닌 것을 고르세요.

   ① 시내는 너무 멀고 복잡한 데다 차도 많아 위험해서

   ② 누나는 일을 하느라 바빠서 나와 루이스를 시내에 데려다 줄 수 없어서

   ③ 집배원 아저씨의 편지 배달을 도와드리고 선물을 받기 위해서

   ④ 나와 루이스는 아직 어려서 어른 없이는 시내에 못 가기 때문에

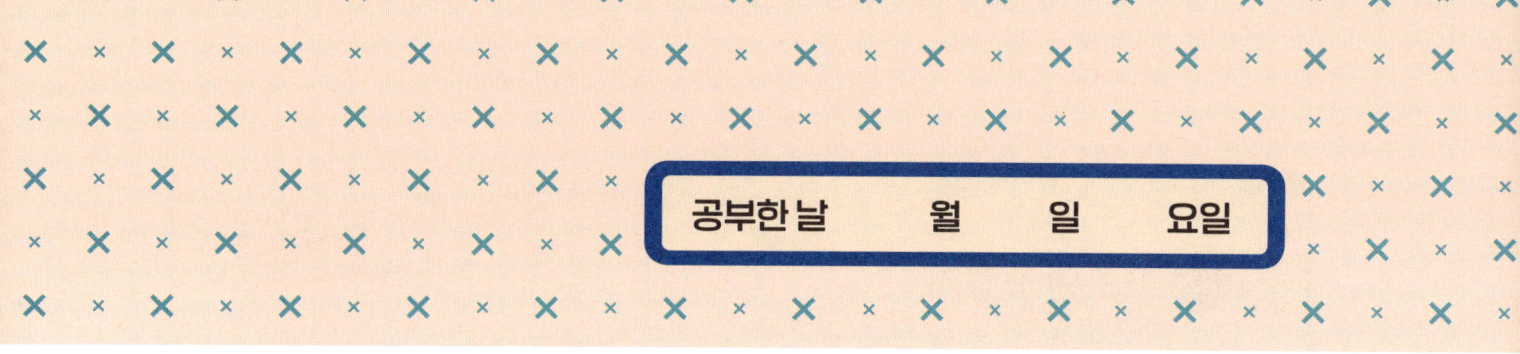

4. 나와 루이스가 선물을 받지 못한 까닭을 모두 고르세요.

① 집이 몹시 가난해서

② 누나가 선물 사는 것을 깜빡 잊어서

③ 시내에 너무 늦게 도착해서

④ 집배원 아저씨가 도와주지 않아서

5. 밑줄 친 곳에 알맞은 말을 넣어 이야기 내용을 간추려 보세요.

나는 동생 _____ 를 데리고 아침 일찍 _____ 에 갔다. 루이스를 업고 힘겹게 도착했을 때 크리스마스 선물을 나누어주는 _____ 은 이미 떠나 버린 뒤였다. 선물을 받지 못해 나도 몹시 슬펐지만 나중에 _____ 를 사주겠다고 루이스를 달랬다.

22 15소년 표류기
배를 떠나 동굴 속으로

열다섯 소년의 섬 생활이 시작되었다. 소년들은 표류하던 '슬라우기호'가 도착한 이곳이 무인도라는 것을 알아냈다. 소년들은 두렵기도 했지만 흥미로운 기대감도 느꼈다. 그날 아침까지 바닷가의 부서진 배에서 지내던 소년들은 동굴로 거처를 옮길 궁리를 했다.

"배가 점점 부서지고 있고 곧 겨울이 올 테니 배에서 계속 살 수는 없어. 우리가 찾은 그 동굴로 짐을 옮기고 보금자리를 꾸며야 할 것 같아."

소년들이 모이자 고든이 자연스럽게 회의를 시작했다.

"이렇게 많은 짐을 그 동굴까지 어떻게 옮기지?"

먹보 코스터가 얼굴을 찡그리며 물었다.

"동굴 근처의 호수와 강이 이어져 있으니까 뗏목을 만들어 짐을 옮기면 좀 쉬울 거야."

어른스러운 고든이 벌써 생각해 두었다는 듯 대답했다.

"와아, 아주 좋은 생각이다! 그런데 여러 날 걸릴 텐데, 이사할 동안 잠은 어디서 자?"

드니팬이 고든에게 물었다.

"아, 텐트! 강가에 텐트를 치는 거 어때? 텐트 치는 건 백스터가 잘하잖아."

소년들은 이런 식으로 각자 할 일을 나누고, 백스터를 중심으로 텐트를 설치했다. 나뭇가지와 배에서 떼어낸 돛으로 텐트를 만들고 보니 그럴듯

했다.

"무거운 것들은 뗏목을 만들어서 옮기고, 식량과 총, 탄환, 이불, 취사도구는 우선 텐트로 옮기자."

고든의 지휘에 따라 일이 순조롭게 진행되었다.

그러고 나서 소년들은 배를 분해하기 시작했다. 슬라우기호는 이미 많이 파손되어 고칠 수가 없었다. 쓸 만한 부분만 동굴로 옮겨가서 필요한 물건들을 만들기로 했다.

"자, 이제 뗏목을 만들어야 하는데……."

고든이 입을 떼자 백스터가 기다렸다는 듯 의견을 내놓았다.

"뗏목은 강가에서 만드는 게 좋아. 그래야 완성된 뗏목을 강까지 들고 갈 일이 없지."

백스터의 의견에 따라 소년들은 강가에서 뗏목을 만들었다. 꼬박 나흘이 걸린 끝에 큰 뗏목을 강물 위에 띄울 수 있었다. 그런데 뗏목에 물건을 싣고 나니 동굴까지 노를 저어 가는 일이 또 문제였다. 브리앙이 말했다.

"내일모레 출발하는 게 좋겠어. 5월 6일쯤이면 초승달이 뜨니까 이삼일 동안은 밀물이 계속될 거야. 밀물을 이용해 강을 거슬러 올라가자."

작품정보

『15소년 표류기』 (1888년), 쥘 베른 지음

바다를 표류하던 열다섯 명의 소년이 무인도에 도착해 펼쳐지는 이야기입니다. 이 부분은 여러 아이가 힘과 지혜를 모아 동굴로 거처를 옮기는 장면입니다.

1. 다음 낱말들의 뜻을 찾아 줄로 이어주세요.

① 표류 ・　　　　　・ ㉠ 깨어져 못 쓰게 됨

② 분해 ・　　　　　・ ㉡ 조수의 간만으로 해면이 상승하는 현상. 또는 그 바닷물

③ 파손 ・　　　　　・ ㉢ 물 위에 떠서 정처 없이 흘러감

④ 밀물 ・　　　　　・ ㉣ 여러 부분이 결합되어 이루어진 것을 그 낱낱으로 나눔

2. 소년들이 동굴에서 살기로 결정한 까닭을 고르세요.

① 생활에 필요한 것들이 갖춰진 동굴을 발견해서

② 동굴 속을 제대로 탐험하고 싶어서

③ 자신들이 살고 있던 배가 점점 부서지고 있어서

④ 동굴에서 살면 뭔가 재미있는 일이 생길 것 같아서

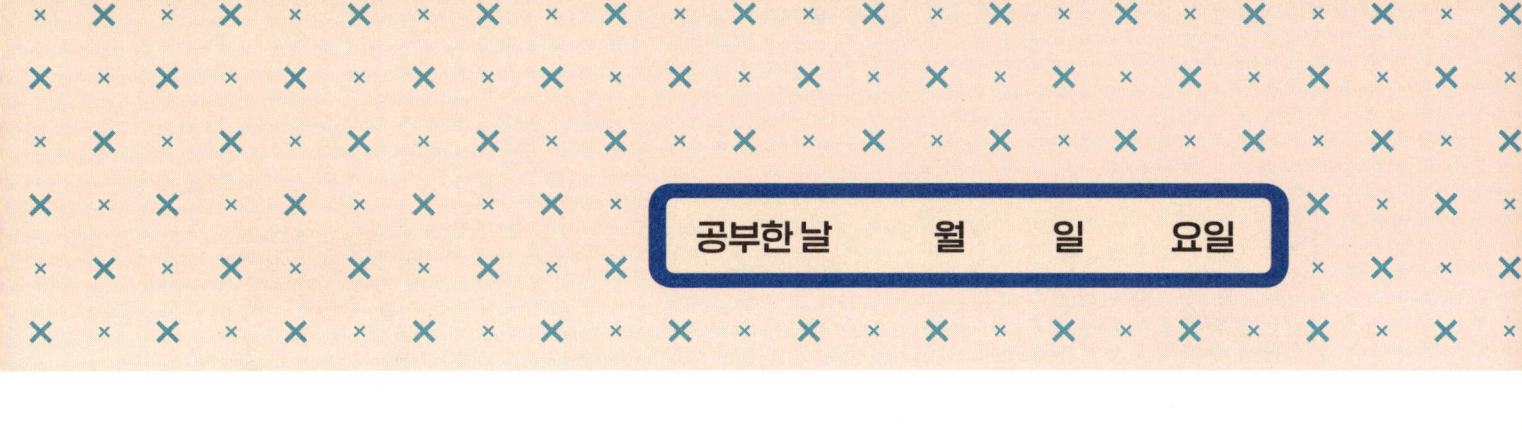

3. 등장인물 설명으로 맞는 것은 O표, 틀린 것은 X표 하세요.

① 고든: 보금자리를 동굴로 옮기자는 의견을 처음으로 냈다. (　)

② 코스터: 먹는 것과 요리를 잘한다. (　)

③ 백스터: 이사할 동안 잠을 잘 텐트가 필요하다는 의견을 냈다. (　)

④ 브리앙: 밀물과 썰물에 대해 잘 알고 있다. (　)

4. 소년들이 일을 해낸 순서대로 번호를 쓰세요.

① 보금자리를 동굴로 옮기기로 결정했다. (　)

② 짐을 옮길 뗏목을 만들었다. (　)

③ 자신들이 있는 곳이 무인도인 것을 알아냈다. (　)

④ 짐을 보관하고 잠을 잘 텐트를 만들었다. (　)

5. 밑줄 친 곳에 알맞은 말을 넣어 이야기 내용을 간추려 보세요.

> ＿＿＿＿명의 소년은 자신들이 탄 배가 ＿＿＿＿하던 끝에 도착한 곳이 ＿＿＿＿라는 것을 알아낸다. 부서져 가는 배를 떠나 ＿＿＿＿로 옮겨 가 살기로 한 아이들은 지혜와 힘을 모아 ＿＿＿＿을 만들어 무거운 짐을 옮긴다.

23 홍당무
닭장 문 닫기

"분명히 오노린이 닭장 문 닫는 걸 또 잊어버렸을 거야."

르픽 부인이 말했다.

정말이었다. 창문으로 보고 알 수 있었다. 밤이라 어두운데도 마당 안쪽에 있는 닭장 문이 활짝 열려 있는 게 보였다.

르픽 부인이 큰아들에게 말했다.

"펠릭스, 가서 닭장 문 좀 닫고 올래?"

얼굴이 하얗고 겁이 많은 데다 게으른 펠릭스 형이 말했다.

"제가 암탉들이나 돌보려고 여기 있는 줄 아세요?"

"그럼, 에르네스틴! 네가 좀 닫고 올래?"

"저요? 엄마, 저는 무서워서 못 해요."

펠릭스 형과 에르네스틴 누나는 이마를 마주하고 엎드려 재미있게 책을 읽다가 고개만 치켜들고 핑계를 대는 것이었다.

"나도 참 바보 같이, 그 생각을 못 했네. 홍당무야! 네가 가서 닭장 문 좀 닫고 오너라!"

르픽 부인은 막내아들을 홍당무라 불렀다. 빨간 머리에 얼굴은 주근깨가 가득했기 때문이다. 탁자 아래에서 뒹굴던 홍당무가 일어나며 작은 소리로 말했다.

"엄마, 저도 무서운데요……."

르픽 부인이 큰 소리로 말했다.

"뭐라고? 다 큰 애가 그게 무슨 소리니! 사람들이 들으면 웃겠다. 얼른 다녀와!"

그때 에르네스틴 누나가 끼어들었다.

"우린 홍당무를 잘 알아. 홍당무는 황소같이 용감한 아이지."

펠릭스 형도 한마디 거들었다.

"그럼, 홍당무는 세상에서 무서운 게 하나도 없어."

홍당무는 이런 칭찬들에 으쓱해졌다. 자신이 그 칭찬이 걸맞지 않는 아이라는 게 조금 부끄러우면서도 마음속 두려움을 이겨내고 싶었다. 그때, 말을 안 들으면 때려주겠다는 엄마의 찢어지는 목소리가 들려왔다. 그 말이 홍당무의 등을 떠밀었다.

그러나 밖으로 나간 홍당무는 어둠 속에 서서 벌벌 떨었다. 엉덩이에 힘이 잔뜩 들어가고 두 발은 바닥에서 떨어지지 않았다. 부는 바람을 타고 여우나 늑대가 나타날 것처럼 오싹했다. 별다른 방법이 없다는 생각에 쏜살같이 닭장으로 돌진한 홍당무는 꼬꼬댁거리며 날뛰는 닭들에게 소리쳤다.

"조용히 하지 못해! 나야 나. 나란 말이야!"

홍당무는 서둘러 닭장 문을 닫고 팔다리에 날개라도 달린 듯이 후다닥 집으로 돌아왔다.

작품 정보

『홍당무』 (1894년), 쥘 르나르 지음

어머니에게 구박받지만 착하게 살려고 노력하는 '홍당무'라고 불리는 소년의 이야기입니다. 이 부분은 홍당무가 아무도 하기 싫어하는 닭장 문 닫는 일을 해내는 장면입니다.

1. 다음 중 '같이'의 쓰임이 다른 문장을 고르세요.

① 장갑을 끼지 않은 손이 얼음같이 차가웠다.

② 이번 숙제는 모둠 아이들과 같이하기로 했다.

③ 백설공주의 얼굴은 눈같이 하얗다.

④ 할머니는 젊었을 때 소같이 일만 하셨다고 한다.

2. 이 글에 직접 등장하지 않는 사람을 고르세요.

① 르픽 부인   ② 오노린   ③ 홍당무   ④ 펠릭스

3. 르픽 부인에 대한 설명으로 맞는 것을 모두 고르세요.

① 펠릭스, 에르네스틴, 홍당무의 엄마다.

② 자녀들을 사랑하고 모두를 공평하게 대한다.

③ 홍당무에게 자기 말을 듣지 않으면 때리겠다고 했다.

④ 위험하다고 생각하는 일은 아이들에게 시키지 않는다.

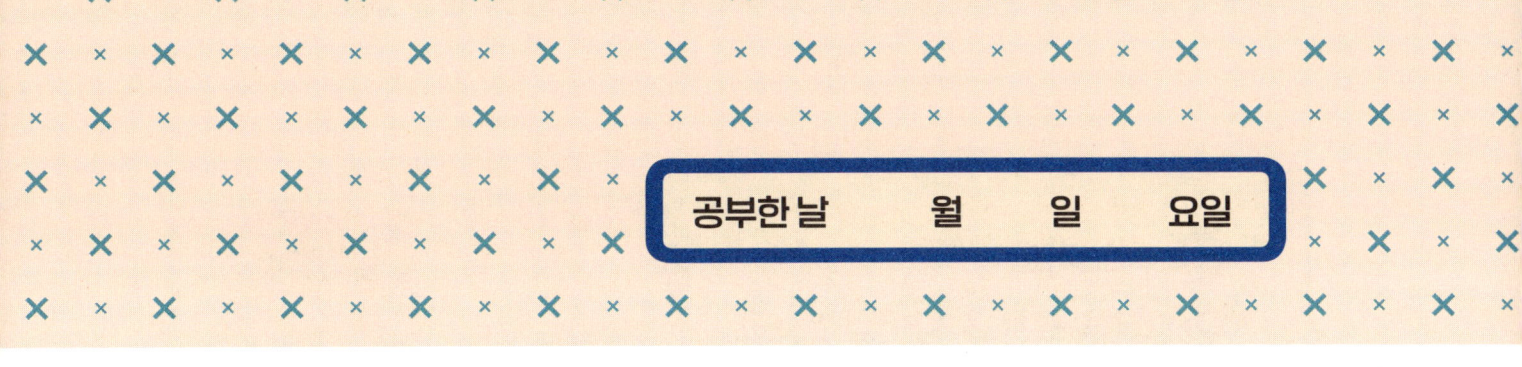

4. 누가 한 말인지 생각해보고 빈칸에 알맞은 이름을 써 보세요.

> 르픽 부인: "가서 닭장 문 좀 닫고 올래?"
> ☐☐☐ : "제가 암탉들이나 돌보려고 여기 있는 줄 아세요?"
> 에르네스틴: "엄마, 저는 무서워서 못 해요."
> ☐☐☐ : "저도 무서운데요."
> ☐☐☐☐☐ : "홍당무는 황소같이 용감한 아이지."

5. 밑줄 친 곳에 알맞은 말을 넣어 이야기 내용을 간추려 보세요.

> _____ 부인은 한밤중에 아이들에게 _____ 문을 닫고 오라고 했다. 형과 누나는 핑계를 대고 막내 _____ 에게 미룬다. 홍당무는 마음속 _____ 을 이겨내고 싶어 혼자 나가 닭장 문을 닫고 온다.

홍당무 135

24 피노키오
외투를 팔아 책을 사온 제페토 할아버지

목수인 제페토 할아버지는 나무로 멋진 다리를 만들었다. 말하고 움직이는 나무인형 피노키오의 두 다리가 어젯밤 화롯불에 타버렸기 때문이다. 제페토 할아버지가 말했다.

"이제 눈을 감고 잠을 자렴!"

피노키오는 두 눈을 감고 잠자는 척했다. 그러는 사이 제페토 할아버지는 방금 만든 두 다리를 피노키오에게 붙여주었다. 감쪽같았다. 피노키오는 다리가 다시 생긴 걸 알고는 바로 일어나 탁자에서 뛰어내렸다. 너무나 기뻐서 수천 번도 더 팔짝 뛰며 재주를 넘었다. 그러더니 제페토 할아버지를 향해 말했다.

"아빠한테 은혜를 갚기 위해 학교에 다닐 거예요."

"훌륭하구나!"

"하지만 학교에 가려면 옷이 있어야 해요."

너무나 가난해서 돈이 한 푼도 없는 제페토 할아버지는 꽃무늬 종이로 옷을 만들어 피노키오에게 주었다. 나무껍질로 신발을 만들고 빵으로 모자도 만들어 주었다. 대야에 담긴 물에 자기 모습을 비추어 본 피노키오는 자기 모습이 마음에 들어 잘난체하며 말했다.

"멋진 신사 같아!"

제페토 할아버지도 맞장구를 쳐 주었다.

"정말 그렇구나. 멋있는 옷보다는 깨끗한 옷을 입어야 신사가 된다는 걸 잊지 말아라."

"그런데 학교에 가려면 꼭 필요한 게 있어요. 가장 중요한 거예요."

"그게 뭐지?"

"책이에요. 책이 없어요."

"그렇구나. 그런데 책을 어떻게 구하지?"

"그거야 간단하죠. 책방에 가서 사는 거예요."

"돈은?"

"나는 돈 없어요."

제페토 할아버지는 슬픈 표정을 지으며 말했다.

"나도 없단다."

즐거웠던 피노키오의 얼굴도 슬픈 표정으로 바뀌었다. 정말로 가난할 땐 누구나 다 가난을 몸으로 겪을 수밖에 없는 법이다, 아이들까지도.

"할 수 없지."

제페토 할아버지는 낡은 외투를 걸치고 집을 나섰다. 얼마 뒤 할아버지는 아들에게 줄 책을 들고 돌아왔다. 하지만 나갈 때 입고 간 외투가 없었다. 밖에는 눈이 내리고 있는데 이 가난한 노인은 셔츠 차림이었다. 피노키오는 외투를 팔아 책을 사다 준 아빠의 목을 끌어안고 얼굴에 입을 맞추었다.

작품 정보

『피노키오』 (1883년), 카를로 콜로디 지음

말썽만 부리던 나무 인형 피노키오가 착한 어린이로 자라나는 이야기입니다. 이 부분은 가난한 목수 제페토 할아버지가 피노키오를 고쳐주고 외투까지 팔아 학교에 보낼 준비를 해 주는 장면입니다.

1. 다음에서 '맞장구친다'라는 표현이 문장의 뜻과 어울리지 않는 것을 고르세요.

① 연석이는 자신이 한 일이 아니라고 맞장구쳤다.

② 우리는 지훈이의 농담에 맞장구치며 깔깔거렸다.

③ 사람들은 모두 철수의 말이 명언이라면서 맞장구쳤다.

④ 그런 말도 안 되는 의견에는 맞장구쳐줄 수 없다.

2. 글의 내용으로 맞는 것은 O표, 틀린 것은 X표 하세요.

① 어젯밤 피노키오의 다리가 화롯불에 타서 없어졌다. ( )

② 제페토 할아버지가 다리를 붙여주는 동안 피노키오는 잠을 잤다. ( )

③ 제페토 할아버지는 피노키오에게 옷과 모자를 사 주었다. ( )

④ 피노키오는 자신에게 책을 사 준 제페토 할아버지를 안아드렸다. ( )

3. 다음 중 피노키오가 학교에 가기로 한 까닭을 고르세요.

① 제페토 할아버지가 학교에 가라고 명령했기 때문

② 피노키오가 학교에 갈 나이가 되었기 때문

③ 피노키오가 제페토 할아버지의 은혜를 갚으려고 결심해서

④ 피노키오가 학교에 가지 않으면 할아버지가 처벌을 받아서

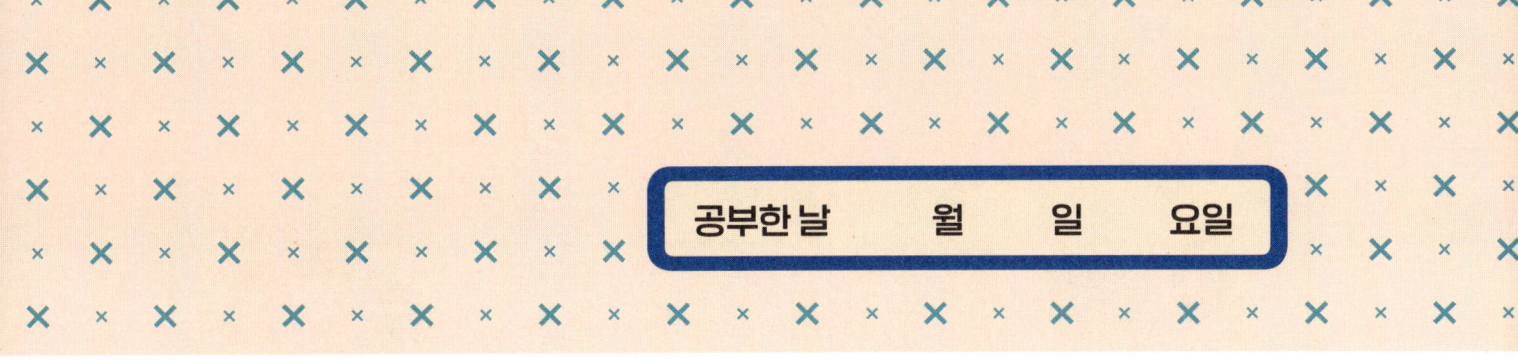

4. 이 글의 내용을 잘못 이해한 친구를 고르세요.

① 은영: 제페토 할아버지가 아빠를 대신해 피노키오를 키워주는구나.

② 해진: 피노키오는 다리가 다시 생겨서 무척 기뻤나 봐.

③ 수영: 제페토 할아버지는 너무 가난해서 옷이나 책을 사줄 돈이 없었대.

④ 동욱: 할아버지도 추울 텐데 외투를 팔아 책을 사주다니 감동이다.

5. 밑줄 친 곳에 알맞은 말을 넣어 이야기 내용을 간추려 보세요.

> 제페토 할아버지가 새로 만든 _____를 붙여주자 피노키오는 _____를 갚기 위해 _____에 다니겠다고 한다. 할아버지는 그런 피노키오를 위해 옷과 모자를 만들어주고 자신의 _____를 팔아 _____을 사준다.

25 보물섬
플린트 선장의 지도

　괴한들을 피해 달아났던 나는 댄스 감시관과 함께 벤보 제독 여관으로 돌아갔다. 우리 부모님의 여관은 쑥대밭이 되어 있었다. 그들은 미친 듯이 어머니와 나를 찾다가 시계 같은 물건들을 다 부숴 놓았다. 댄스 감시관은 이해가 안 된다는 표정으로 나에게 물었다.
　"그자들이 돈을 가져갔다고 했니? 그런데 호킨스, 대체 그자들이 뭘 더 찾고 있는 거지? 더 많은 돈을 찾고 있는 건가?"
　"아뇨, 감시관님. 사실 그 사람들이 찾는 것은 제 셔츠 주머니에 있는 이것 같아요. 저는 이걸 안전한 곳에 보관하고 싶어요."
　"물론 그래야지, 애야. 내가 맡아줄 수 있단다."
　"제 생각에는 리브시 의사 선생님께……."
　"그래, 네 말이 옳다. 그는 신사인 데다 치안 판사이니 말이다. 나도 그분과 지주님께 이 사건을 보고드려야 할 것 같으니 나와 함께 가자꾸나."
　우리는 함께 말을 타고 리브시 선생님의 집을 향해 달렸다. 리브시 선생님 집에 가 보니 선생님은 지주님의 저택으로 저녁을 먹으러 올라갔다고 했다. 우리는 다시 지주님의 집으로 걸어 올라갔다.
　하인의 안내로 지주님 집 안으로 들어가니 지주님과 선생님은 불이 타오르고 있는 벽난로 양편에 앉아 있었다. 나는 지주님을 그렇게 가까이서 본 게 처음이었다.

"들어오시오, 댄스 씨."

지주님의 태도는 매우 당당하고 위엄이 있었다.

"어서 오십시오, 댄스 씨."

선생님이 댄스 씨에게 인사를 건네고 내게도 인사를 하셨다.

"짐도 왔느냐. 잘 지냈지? 무슨 일이라도 있는 게냐?"

댄스 씨와 나는 우리가 이곳을 찾아온 이유를 자세히 설명했다. 나는 우리 여관에서 뇌출혈로 죽은 선장의 짐 속에서 뭔가를 발견했고 우리 여관을 습격한 자들이 그것을 찾고 있는 것 같다고 말했다. 내가 그것을 안전하게 보관하고 싶다며 얘기를 마치자, 지주님은 이렇게 말했다.

"이 호킨스라는 아이는 진정 장군감이군."

"자, 그러니까 짐, 그자들이 찾던 물건을 네가 가지고 있단 말이냐?"

리브시 선생님이 물었다. 나는 기름먹인 천에 싼 주머니를 내밀었다. 선생님은 바로 주머니를 열어 보고 싶어 하는 것 같았지만, 그러지 않고 자기 윗옷 주머니에 찔러 넣었다. 선생님은 댄스 씨가 돌아간 다음에야 자신의 수술용 가위로 그 주머니를 열었고, 그 안에는 플린트 선장의 보물섬 지도가 들어 있었다.

『보물섬』 (1883년), 로버트 루이스 스티븐슨 지음

여관 집 아들 짐 호킨스가 우연히 보물섬 지도를 얻어 보물을 찾아 나서는 이야기입니다. 이 부분은 갑자기 죽은 손님의 짐 속에서 호킨스가 발견한 것이 보물섬 지도라는 것이 밝혀지는 장면입니다.

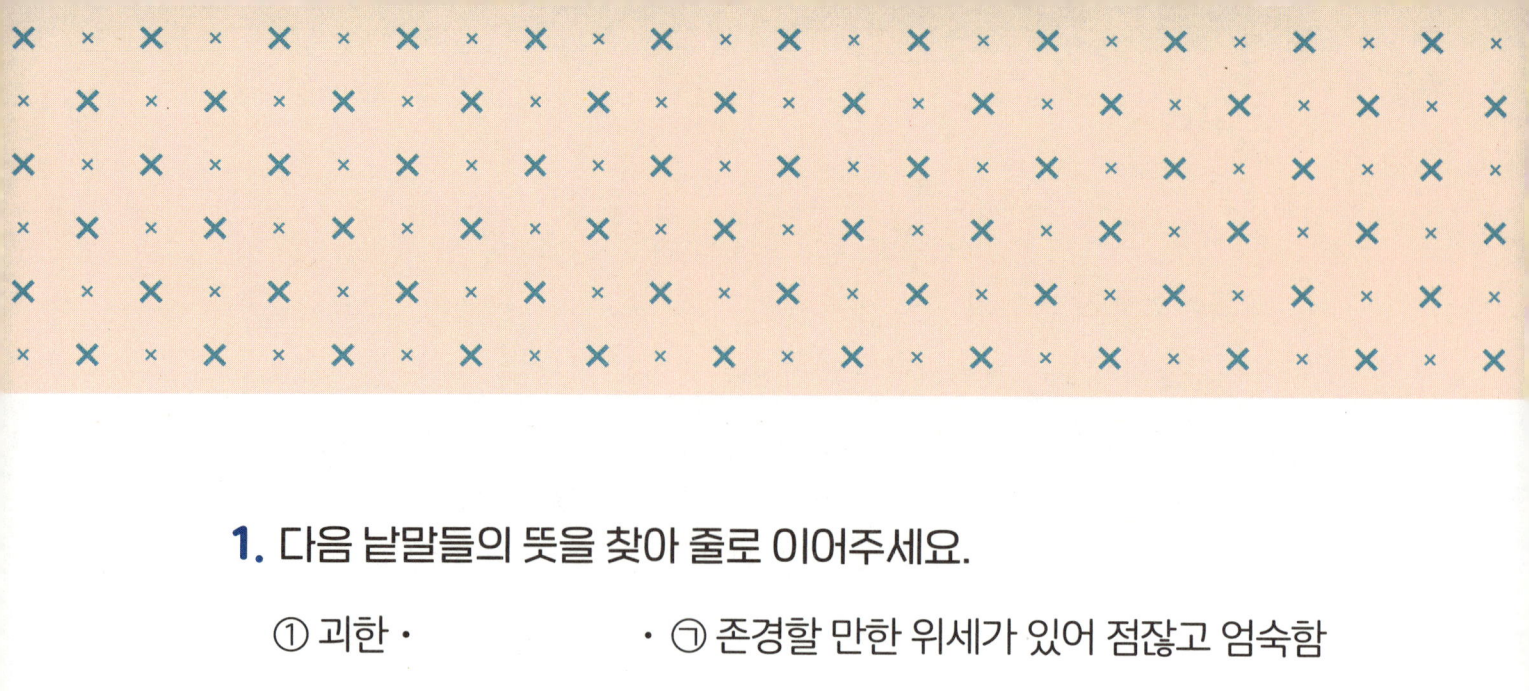

1. 다음 낱말들의 뜻을 찾아 줄로 이어주세요.

① 괴한 ·   · ㉠ 존경할 만한 위세가 있어 점잖고 엄숙함

② 제독 ·   · ㉡ 갑자기 상대편을 덮쳐 침

③ 위엄 ·   · ㉢ 해군 함대의 사령관

④ 습격 ·   · ㉣ 거동이나 차림새가 수상한 사내

2. 등장인물 설명으로 틀린 것을 고르세요.

① 호킨스: 벤보 제독 여관집 아들이다.

② 댄스 씨: 호킨스가 가진 것을 빼앗는다.

③ 지주님: 호킨스를 장군감이라고 칭찬한다.

④ 리브시 선생님: 의사이면서 치안 판사다.

3. 괴한들이 여관을 쑥대밭으로 만든 까닭을 생각하며 빈칸을 채워 보세요.

> 괴한들은 선장의 짐에서 ☐☐☐ ☐☐가 나오지 않자 ☐☐☐와 어머니를 의심해 여관 안을 마구 뒤졌다.

4. 호킨스의 성격을 알 수 있는 행동이 아닌 것을 고르세요.

① 기름먹인 천에 싼 주머니를 몰래 숨겼다.

② 댄스 씨에게 주머니를 맡기지 않았다.

③ 지주님의 집으로 걸어 올라갔다.

④ 주머니를 지주님과 리브시 선생님에게만 보여주었다.

5. 밑줄 친 곳에 알맞은 말을 넣어 이야기 내용을 간추려 보세요.

_____는 자기 여관 손님이었던 _____이 죽자 그의 짐 속에서 특별해 보이는 주머니를 발견해 숨긴다. 호킨스가 괴한들로부터 주머니를 지켜내 _____과 _____선생님께 가져가 보니 _____지도가 들어 있었다.

고전 속으로

21. 『나의 라임오렌지 나무』

1968년에 출간한 『나의 라임오렌지 나무』는 브라질 작가 바스콘셀로스의 대표적 작품이자, 전 세계 수천만 명의 독자들에게 깊은 감명을 준 성장소설이다. 어린 시절의 자전적 이야기를 풀어낸 이 책은 20여 년간 작품을 구상하고 단 12일 만에 집필했다고 한다.

『나의 라임오렌지 나무』는 브라질의 작은 도시에 사는 한 철부지 어린아이가 가난하고 고달픈 삶 속에서도 꿈과 사랑을 간직하며 성장해 가는 모습을 그린 이야기다. 각박한 현실의 삶 속에서도 개구쟁이 소년 '제제'는 동생 루이스, 글로리아 누나, 라임오렌지 나무, 학교 선생님, 뽀르뚜가 등 끊임없이 사랑의 대상을 만들어간다. 제제는 가족들에게 말썽꾸러기 취급을 받는다. 그는 가족에게 받은 상처를 자기만의 상상의 세계에서 치유한다. 라임오렌지 나무에 생명을 불어넣어 새 친구로 삼고, 집 뒷마당을 광활한 아마존 정글로 만들며, 서부 영화 주인공들과 대초원을 달리며 들소 사냥을 한다. 상상 속에서 외로움을 달래던 제제는 뽀르뚜가를 만나면서 드디어 마음속 가득 사랑을 채우게 된다.

22. 『15소년 표류기』

프랑스 공상 과학 소설의 선구자 쥘 베른의 모험 소설 『15소년 표류기』는 태평양의 무인도에 표류하게 된 열다섯 소년이 약 2년 동안 살아남기 위한 과정을 그린 이야기이다.

뉴질랜드의 수도 오클랜드에 있는 체어먼 기숙학교 학생 열네 명은 여름 방

학 동안 뉴질랜드 연안을 배를 타고 일주하기로 한다. 아이들은 설레는 마음으로 출발 전날 미리 배에 오른다. 그러나 원인을 알 수 없는 사고로 배가 표류하게 되고 견습 선원 모코를 비롯한 열다섯 소년은 천신만고 끝에 무인도에 도착한다. 서로 나라도 다르고 개성도 각각인 열다섯 소년이 때로는 협력하고 때로는 대립하면서 파도처럼 밀려오는 수많은 역경을 헤쳐 나간다.

무인도가 배경인 모험 이야기 중 대표적인 작품으로 다니엘 디포의 『로빈슨 크루소』를 들 수 있다. 1719년에 발표된 이 작품은 큰 인기를 얻었고 이후의 작가들에게도 많은 영감을 주었다. 쥘 베른 역시 당시 유행하던 '로빈슨 이야기'의 하나로 『15소년 표류기』를 구상했다고 서문에서 밝히고 있다.

23. 『홍당무』

1889년 쥘 르나르는 부인과 함께 자신이 어린 시절을 보낸 시골 마을 쉬트리의 집을 방문한다. 평소에도 다정한 편이 아니었던 쥘의 어머니는 며느리를 쌀쌀맞게 맞이하고, 쥘은 그 모습을 보고 『홍당무』를 구상하기 시작한다. 쥘 르나르의 최고 걸작이자 자전적 성장소설인 『홍당무』는 불타는 듯한 빨간 머리 때문에 '홍당무'라는 별명으로 불리는 소년이 방학 동안 집에 머물면서 벌어지는 일을 그리고 있다. 이 작품은 당시 아동 문학에서 볼 수 없었던 독보적 캐릭터와 작품 형식과 문체의 독창성, 아이부터 어른까지 모두의 공감대를 자아내는 이야기로 출간되자마자 단번에 독자들을 사로잡았다.

『홍당무』는 쥘 르나르가 오랜 시간 동안 고심을 거듭하며 쓴 작품으로 알려져 있다. 쥘 르나르는 특히 홍당무네 가족 사이에 흐르는 어색하고 삭막한 분위기를 묘사하는 데 공을 들였다. 어린 시절 누구나 한 번쯤 겪었을 가족 안에서의 소외감, 가족에게 따뜻한 사랑과 이해를 받길 바라는 마음은 독자들의 공감대를 자아낸다.

24. 『피노키오』

이탈리아 아동 문학 작가 카를로 콜로디의 작품. 1883년에 출판된 『피노키오』는 지금도 영화나 애니메이션, 뮤지컬 등의 다양한 장르로 재구성되고 있다. 제페토 할아버지는 말하고 웃고 우는 나무토막으로 꼭두각시 인형을 만들고 피노키오라는 이름을 붙인다. 피노키오는 제페토 할아버지의 말을 잘 듣지 않고, 제페토 할아버지가 외투를 팔아 사다 준 책도 인형극을 보기 위해 팔아버리는 등 말썽을 피운다. 인형극을 보다가 극단 주인에게 잡혀 팔려 가기도 하고, 강도를 만나 도망치기도 하고, '놀이 천국'에 갔다가 당나귀로 변하는 등 좌충우돌 모험에 휘말린다. 갖은 모험 끝에 피노키오는 상어의 배 속에서 제페토 할아버지와 재회하여 집으로 돌아오고, 푸른 요정의 도움으로 인간 아이가 된다.

말썽꾸러기 꼭두각시 인형이 혹독한 시련과 모험을 겪고 진짜 소년이 되기까지의 과정을 담은 모험 동화의 고전이다. '거짓말하면 코가 길어진다'는 독특하고 재미난 상상력은 오늘날까지 널리 회자되며 그 영향력을 굳건히 빛내고 있다.

25. 『보물섬』

로버트 루이스 스티븐슨의 『보물섬』은 그의 또 다른 작품 『지킬 박사와 하이드 씨』와 더불어 우리에게 많이 소개되어 왔다. 『보물섬』은 1881년 스티븐슨이 그의 아들 로이드와 함께 그림을 그리며 놀다가 우연히 전에 그려 놓았던 지도를 보고 '보물섬'의 영감을 얻게 되었다. 스티븐슨은 그 즉시 지도 위에 해골섬, 망원경산 등의 이름을 붙이고 그곳에 빨간 십자 표시를 넣으며 이야기를 만들어 가기 시작했다. 그는 그 자리에서 등장인물들까지 머리에 떠올렸으며, 초반에는 하루에 한 장씩 써 내려갈 정도로 보물섬에 대한 영감은 강렬했다.

『보물섬』은 우연한 기회에 보물섬 지도를 손에 넣게 된 소년 짐 호킨스가 우여곡절 끝에 보물섬을 찾아가는 모험 가득한 여정을 그리고 있다. 한 치 앞도 예측할 수 없는 바다, 범선이 주는 낭만적 흥취, 숨겨진 금은보화, 외다리 선원, 해적들의 음모와 배반, 말하는 앵무새, 무인도, 섬에 버려진 사람들과 황금을 얻는 자, 음습한 숲속의 분위기 등 모험 소설로서의 소재들이 가득하다. 한편, 인간 내면에 도사리고 있는 보물을 향한 인간의 탐욕과 어둠 속의 음모들이 보물섬 안에서 펼쳐진다.

글쓰기 연습 5

독서감상문 쓰기

독서감상문은 책을 읽은 뒤 자신이 생각한 것과 느낀 것을 쓴 글입니다. 이 책에서 본 고전 명작 중 하나를 골라서 독서감상문을 써 봅시다. 요즘 재미있게 읽은 다른 책이 있다면 그 책으로 써도 좋습니다.

독서감상문은 어떻게 쓸까요?

편지나 일기, 시처럼 다양한 형식으로 쓸 수 있지만 보통은 아래의 세 가지를 꼭 씁니다. (예)를 참고해 다음 쪽에 독서감상문을 써 보세요.

1. 읽은 책 소개(제목과 지은이, 책의 첫인상 등)

쥘 르나르가 쓴 『홍당무』라는 책을 읽었다. 홍당무가 무엇인지 궁금해 검색해 보니 당근 중에서 유난히 빨간 종류라고 했다. 나는 당근을 싫어하는데 제목도 좀 심심한 것 같아서 별 기대는 없었다. 하지만 이 책은 당근 이야기는 아니다.

2. 책 내용 소개(너무 길지 않게)

'홍당무'는 세 아이 중 막내아들의 이름이었다. 어느 늦은 저녁 홍당무 엄마가 아이들에게 닭장 문을 닫고 오라고 시킨다. …… 결국은 막내인 홍당무가 뛰어나가 두려움을 이겨내고 닭장 문을 닫고 온다.

3. 책을 읽으며, 읽고 나서 생각한 것, 느낀 것(자세히)

책을 읽으면서 가장 이상한 사람은 엄마였다. 우리 엄마라면 힘들거나 어려운 일은 엄마가 하지 나나 동생에게 시키지 않을 것이다. 게다가 심부름을 하지 않으면 때리겠다니, 옆집에서 가정폭력으로 신고할 수도 있다. …… 그런데도 꿋꿋하게 자라고 있는 홍당무를 응원해 주고 싶다.

제목:

정답 및 해설

1. 키다리 아저씨

> **정답**
> 1.② 2.존 스미스 3.④ 4.③ 5.대학, 존 스미스, 키다리 아저씨

해설 1. '후원'의 뜻은 '뒤에서 도와줌'입니다. 그런데 '청원'은 '일이 이루어지도록 청하고 원함'이라는 뜻이 있습니다.
2. '자신을 '존 스미스'라고 불러 달라는 분'이라고 했습니다.
3. 이 글에는 제루샤가 키다리 아저씨를 만난 적 있다는 내용이 없습니다. '모르는 분께 편지를 쓰려니 이상한 기분이 들어요'라고 쓴 것을 보면 아저씨를 만난 적이 없다는 것을 추측할 수 있습니다.
4. 후원자님을 공손한 태도로 대하라고 한 것은 고아원 원장님입니다. 그런데 제루샤는 '좀 더 친근한 이름을 고르셨으면 좋았을 텐데요'라며 아저씨를 친근하게 대하고 싶은 마음을 보입니다.
5. 이 글은 키다리 아저씨(존 스미스)의 후원으로 대학에 가게 된 제루샤가 감사 인사를 전하려고 쓴 편지입니다. 첫 편지에서 키가 큰 아저씨를 앞으로 '키다리 아저씨'라고 친근하게 부르겠다고 쓰고 있습니다.

2. 톰 소여의 모험

> **정답**
> 1.④ 2.페인트칠 3.①5, ②2, ③3, ④1, ⑤4 4.③ 5.페인트칠, 벤, 사과, 순진한

해설 1. 이 글에서 '천연덕스럽다'는 '겉으로 아무렇지 않은 체하는 태도가 있다'는 뜻으로 쓰였습니다. '거짓이나 꾸밈이 없고 자연스러운 느낌이 있다'는 뜻도 있습니다. 그러나 '촌스럽다'는 '세련된 맛이 없이 엉성하고 어색한 데가 있다'는 뜻이므로 의미가 다릅니다.
2. 톰이 짐에게 '나 대신 페인트칠을 좀 해 주면 내가 물을 길어다 줄게'라고 말하는 것을 보면 페인트칠을 남에게 맡기고 싶었던 것입니다.
3. 글을 처음부터 차근차근 읽어보면 톰이 페인트칠을 하다 짐에게 떠넘기려 하지만 이모가 감시해서 그냥 자신이 합니다. 그러다 지겨워진 톰 앞에 벤이 나타나 놀리고 톰은 거꾸로 벤에게 페인트칠을 하게 만들고, 다른 아이들도 페인트칠을 하게 됩니다.
4. 다른 친구들에게 페인트칠이 재미있다는 생각을 하게 만들어 일을 떠넘겼으니 영리하다고 할 수 있습니다.
5. 톰은 이모가 시킨 페인트칠을 하기 싫어서 짐을 설득하려 했지만, 뜻대로 되지 않았습니다. 하지만 포기하지 않고 방법을 생각해 낸 톰 앞에 벤이 나타나자, 페인트칠이 무척 멋지고 보람이 있는 일인 것처럼 행동합니다. 벤은 톰에게 사과를 주며 페인트칠하게 해달라 했고, 이후 톰의 꾀를 모르는 순진한 친구들도 페인트칠을 해보고 싶어 합니다.

3. 사랑의 학교

> **정답**
> 1. ③ 2. 띠지에 글씨(주소와 이름) 쓰는 일 3. ① 4. 자상했지만, 엄격했어요 5. 주소, 이름, 공부, 용서

해설 1. '봉급'은 '어떤 직장에서 계속해서 일하는 사람이 그 일의 대가로 정기적으로 받는 일정한 보수'를 말합니다. 급여나 임금도 그와 비슷한 말입니다. 하지만 '공급'은 '요구나 필요에 따라 물품 따위를 제공함'의 뜻이 있습니다.
2. '띠지에 정기 구독자의 주소와 이름을 쓰는 일', '띠지에 글씨 쓰는 일'이라는 표현이 나옵니다.
3. 히울리오의 집이 식구는 많고 아버지의 봉급은 얼마 되지 않아 가난하다는 내용이 있습니다. 그러니 아버지와 히울리오 단둘이 사는 것은 아닙니다.
4. 아버지가 히울리오를 무척 사랑하고 자상하지만, 학교 공부와 관련된 일에는 관대하지 않았다는 내용이 있습니다. 관대하지 않은 것은 엄격한 것입니다.
5. 히울리오는 아버지를 돕기 위해 밤마다 띠지에 주소와 이름을 쓰는 일을 합니다. 그러나 잠이 부족해져 공부를 게을리하게 되자 아버지는 히울리오를 심하게 꾸짖습니다. 그래도 히울리오는 일을 계속했고, 사실을 모두 알게 된 아버지는 히울리오에게 용서를 구합니다.

4. 행복한 왕자

> **정답**
> 1. ④ 2. ③ 3. ①사파이어, ②이집트, ③금 4. ①, ④ 5. 눈, 제비, 가난한, 금

해설 1. '경비원'에서 '원'은 '어떤 일을 맡아 하는 사람'이라는 뜻입니다. 그러나 '동물원'의 '원'은 장소(어떤 곳)를 뜻합니다.
2. 동정심이 많다는 것은 남의 어려운 처지를 안타깝게 여기는 마음이 크다는 뜻입니다. 행복한 왕자가 고통받는 사람들을 위해 자신을 희생한 것을 보면 그런 성격을 알 수 있습니다.
3. ① '두 눈 속에 들어 있던 사파이어'라는 표현이 있습니다. ② '제비의 친구들은 ~ 이집트로 떠나버리고'라는 표현이 있습니다. ③ '제비는 금 조각을 가난한 사람들에게 나누어 주었다'고 했습니다.
4. '제비는 앞을 못 보는 왕자의 곁을 떠날 수 없었다'고 했습니다. 그리고 제비가 왕자 곁에 남아서 한 일은 가난한 사람들을 도와주는 것이었습니다.
5. 행복한 왕자 동상은 자기 눈에 들어있던 사파이어를 가난한 사람들에게 주고 앞을 못 보게 됩니다. 그 일을 대신 해주었던 제비는 이집트로 떠나지 않고 왕자 곁에 남아 자신이 본 가난한 사람들 이야기를 왕자에게 들려줍니다. 제비는 왕자의 말대로 왕자의 몸에 입혀진 금 조각을 떼어 가난한 사람들에게 나눠줍니다.

5. 베니스의 상인

> **정답**
> 1. ① 2. ①②, ②⑦, ③ⓒ, ④ⓒ 3. ④ 4. 차용증서, 피, 땅, 재산 5. 샤일록, 안토니오, 포샤, 피, 살

해설 1. '계략'은 '어떤 일을 이루기 위한 꾀나 수단'을 말합니다. 그러나 '생략'은 전체에서 일부를 줄이거나 뺀다는 뜻입니다.

2. 안토니오는 샤일록에게 빌린 돈을 갚지 못해 목숨을 잃을 위기에 놓인 사람입니다. 바사니오는 안토니오의 친구였는데, 바사니오의 아내가 재판장이 되어 안토니오를 위기에서 구합니다.

3. 샤일록은 안토니오의 살을 베려고 재판장에게 차용증서의 내용대로 판결해 달라고 합니다. 바사니오와 안토니오는 친한 친구이고, 바사니오의 아내가 재판장이 되어 안토니오의 목숨을 구했습니다.

4. 판결 내용은 차용증서에 적힌 대로 안토니오의 살을 베되 피를 흘리면 안 된다고 합니다. 그러면 샤일록의 땅과 재산을 나라에 빼앗기게 된다는 것입니다.

5. 샤일록에게 돈을 갚지 못한 안토니오가 위기에 처합니다. 재판관 포샤는 샤일록에게 안토니오의 살을 베되 피를 흘리지 않도록 판결해 안토니오를 구합니다.

6. 이상한 나라의 앨리스

> **정답**
> 1. ② 2. ④ 3. ④ 4. ② 5. 토끼, 정원, 탁자, 케이크

해설 1. '따분하다'는 재미가 없어 지루하고 답답하다는 뜻입니다. 그런데 '분주하다'는 '이리저리 바쁘고 수선스럽다'는 뜻으로, 따분하다와 반대되는 낱말입니다.

2. '앨리스는 케이크를 몽땅 다 먹어 버렸다. 그러자 앨리스의 키가 다시 커지기 시작했다'라는 문장이 있습니다. 키가 점점 커지자 앨리스의 눈과 발이 점점 멀어진다는 뜻입니다.

3. 앨리스는 케이크를 먹고 다시 키가 커집니다.

4. 처음 보는 토끼를 따라가거나 나올 방법은 생각지도 않고 토끼 굴로 들어가는 것, 무슨 음료인지도 모르면서 병 속의 내용물을 마시는 것은 호기심과 모험심이 많은 앨리스의 성격을 보여줍니다. 병에 든 것을 마시니 키가 작아진 것은 앨리스의 성격을 보여주는 것이 아니라 신기한 일이 벌어지는 것을 보여줍니다.

5. 토끼를 따라 굴속으로 들어간 앨리스는 작은 문 너머의 정원에 가고 싶었지만, 문이 너무 작아 들어갈 수 없었습니다. 마침 탁자 위에 놓인 병에 든 것을 마시자, 앨리스의 키가 작아졌지만, 너무 작아져 탁자 위의 열쇠를 꺼낼 수 없었고, 앨리스는 케이크를 먹고 다시 커집니다.

7. 정글 북

> **정답**
> 1. ② 2. ③ 3. ①×, ②×, ③○, ④○ 4. 모글리, 아킬라, 시어칸, 정글, 발루, 바기라 5. 인간, 부족 회의, 시어칸, 발루, 바기라

해설 1. 이 글에서 '부족'은 '늑대 부족'처럼 쓰였습니다. 한 지역에 살면서 공통의 문화를 가진 생활 공동체를 뜻합니다. 하지만 ②번에서 '부족'은 '일정한 정도나 양에 이르지 못함'이라는 의미입니다.

2. 큰따옴표 안의 말은 아버지 늑대의 말입니다. 그 앞의 문장에 어머니 늑대가 "여보! 우리가 이 아이를 키울까요?"라고 묻는 것을 보고 '그런 일'이 가리키는 내용을 짐작할 수 있습니다.

3. ① '한쪽 다리를 절름거리는 호랑이 시어칸은'이라고 나옵니다. ② 어머니 늑대가 인간의 아이를 키우고 싶다고 하자 아버지 늑대도 그 아기를 지켜주고 싶다고 생각합니다. ③ 아킬라가 용맹과 지혜로 부족을 이끈다는 문장이 있습니다. ④ 마지막 문장에서 늑대 부족은 아기(모글리)를 받아들인다고 아킬라가 선언합니다.

4. 아버지 늑대는 부족 회의에 인간 아이를 데려갔습니다. 열한 번째 줄에서 아이의 이름을 모글리라고 지었습니다. 부족의 지도자 아킬라가 늑대들의 의견을 묻는데, 호랑이 시어칸이 모글리를 내놓으라고 했습니다. 젊은 늑대가 정글법을 말하자 그 법대로 발루와 바기라가 모글리를 도와주었습니다. 모글리는 늑대 무리에 받아들여졌습니다.

5. 인물들의 이름을 헷갈리지 않도록 유의하고, 4번 해설을 참고하며 글을 요약해 보세요.

8. 걸리버 여행기

> **정답**
> 1. ④ 2. 인간산, 공포, 신전 3. ① 4. 일, 2, 배급 5. 신전, 일, 식량(먹을 것 또는 식료품), 법, 배급권

해설 1. '단'은 짚, 땔나무, 채소 따위의 묶음을 셀 때 씁니다. '마'는 옷감 등의 길이를 재는 단위로 91.44cm에 해당합니다. 교복과 같은 옷을 셀 때는 '벌'을 사용해 '교복 한 벌'과 같이 씁니다.

2. ① 릴리펏 사람들이 '인간산'을 보기 위해 모였다는 문장이 있습니다. 걸리버가 산처럼 크다는 뜻입니다. ② 너무 큰 걸리버가 몸을 일으키자 여자들이 공포에 휩싸여 쓰러졌다는 내용이 있습니다. ③ 걸리버가 신전에서 생활하게 되었다는 문장이 나옵니다. 몸이 너무 커 일반 집에는 들어갈 수 없었을 것으로 추측할 수 있습니다.

3. 걸리버는 산에 있었던 것이 아닙니다. '내가 있던 바닷가'라는 표현이 나옵니다.

4. 릴리펏 왕의 걱정거리는 사람들이 일을 하지 않고, 걸리버가 너무 많이 먹어 식량이 부족해진 것이지요. 그래서 두 번 이상 걸리버를 보는 사람은 감옥에 가두고 국민들에게 식량 배급권을 주었습니다.

5. 2, 3, 4번 문제와 해설을 참고해 줄거리를 간추려 보세요.

9. 안네의 일기

> **정답**
> 1. ② 2. ①○, ②○, ③×, ④× 3. ② 4. ① 5. 은신처, 두셀, 두셀, 유대인, 독일군, 은신처

해설 1. '마다하다'는 '거절하거나 싫다고 하다'라는 뜻입니다.
2. ③ 두셀 씨가 바깥세상 얘기를 많이 들려주었고 모두 슬픈 얘기뿐이라는 내용이 나옵니다. ④ 안네는 은신처에 있어서 다행이지만 좋기만 한 것은 아니라고 했습니다. 은신처 밖에 있는 사람들이 비참한 상황에 있고 그들을 걱정하고 있기 때문이라고 했습니다.
3. '초록색이나 회색 군용 차량들'이라는 표현이 나옵니다. '군용'은 '군사적 목적에 사용되는 물건'을 말하고, 군용 차량들은 독일군이 운전했을 것입니다.
4. 안네가 두셀 씨에게 은신처에서 조심해야 하는 것들을 알려주지만, 안네는 그런 상황을 불만스럽게 생각하지는 않습니다. 은신처에 있어 다행이라고 생각한다고 했습니다.
5. 안네는 독일군을 피해 은신처에 숨어 사는 소녀입니다. 새로 온 두셀 씨와 같은 방을 쓰게 되었는데, 은신처 밖에서는 죄 없는 유대인들이 끔찍한 곳으로 끌려가고 독일군에게 괴롭힘 당한다는 이야기를 두셀 씨에게 전해 듣습니다. 그 이야기를 듣자 자신은 은신처에 있어 다행이라 생각하면서도 마음이 편하지 않습니다.

10. 레 미제라블

> **정답**
> 1. ④ 2. ①장 발장, ②마글르와르 부인, ③장 발장, ④경찰(들) 3. ① 4. 정직한, 약속 5. 은그릇, 밀리엘 주교, 은촛대, 정직한

해설 1. '불쌍하다'는 것은 '처지가 안되어 애처롭다'는 뜻으로 '가엾다', '비참하다', '애처롭다'와 바꾸어 쓸 수 있습니다. 그러나 '외롭다'는 '혼자여서 쓸쓸하다'는 의미라 조금 다릅니다.
2. ① '종소리가 새벽 2시를 알릴 때 장 발장은 잠에서 깼다'고 했습니다. ② 마글르와르 부인이 주교에게 은그릇이 없어졌다고 말했습니다. ③ 장 발장이 은그릇을 배낭에 넣고 담장을 넘어 달아나는 장면이 나옵니다. ④ 경찰 세 사람이 장 발장의 멱살을 잡고 주교의 집으로 왔습니다.
3. 은그릇은 우리가 잠시 쓰고 있었을 뿐, 가난한 사람들의 것이라는 표현이 나옵니다.
4. 주교님이 마지막으로 장 발장에게 한 말에 정직한 사람이 되기로 한 약속 내용이 나옵니다.
5. 장 발장은 자신을 먹여주고 재워준 밀리엘 주교 집에서 은그릇을 훔쳐 달아납니다. 경찰은 그를 잡아 주교에게 데려오지만, 주교는 은촛대까지 주며 정직한 사람이 되라며 장 발장을 용서해줍니다.

11. 비밀의 화원

> **정답**
> 1.①ㄴ, ②ㄷ, ③ㄹ, ④ㄱ 2.② 3.잎사귀, 나무, 날개, 햇살 4.①, ③, ④ 5.메리, 디콘, 휠체어, 담쟁이덩굴, 비밀의 화원

해설 1. '화원'은 '꽃을 파는 가게'라는 뜻도 있지만 이글에서는 정원, 뜰과 비슷한 말입니다.
2. 첫 문단에 콜린이 비밀의 화원의 가장 큰 매력을 '비밀'이며 그것이 깨지면 안 된다고 생각하는 것이 드러납니다.
3. 마지막 문단을 통해 화원 안에서 콜린이 느낀 것을 알 수 있습니다.
4. 메리가 찾아낸 비밀의 화원이 콜린의 호기심을 불러일으키고, 메리와 디콘 같은 친구들이 함께 한 것, 자연의 색과 냄새, 햇살이 콜린을 일으켰습니다. 하인들의 도움은 없었습니다.
5. 콜린은 몸이 약해 누워만 있었지만 메리와 콜린의 도움으로 휠체어를 타고 밖으로 나갑니다. 담쟁이덩굴 뒤에 감춰진 비밀의 화원에 들어간 콜린은 휠체어에서 일어나 자신은 건강해질 거라고 외칩니다.

12. 사람은 무엇으로 사는가

> **정답**
> 1.① 2.①○, ②×, ③×, ④○ 3.③ 4.④ 5.세몬, 교회, 마트료나, 하느님. 미하일

해설 1. '-쟁이'는 개구쟁이, 겁쟁이, 욕심쟁이와 같이 어떤 사람의 버릇이나 행동을 나타낼 때 씁니다. '-장이'는 땜장이, 대장장이처럼 기술을 가진 사람을 뜻할 때 사용합니다.
2. ① '가난한 구두장이 세몬'이라고 주인공을 소개하고 있습니다. ② '교회 앞에서 이 사람이 벌거벗은 채로 쭈그리고 앉아 있더라고'라 했으니 젊은이가 외투를 입고 있었던 것은 아닙니다. ③ 마트료나는 세몬과 젊은이를 보자마자 화를 냈습니다. ④ 미하일은 마트료나 쪽으로 고개를 돌리고 미소지었습니다.
3. 마트료나가 마음속에 하느님이 없냐고 묻는 세몬의 말을 듣고 젊은이를 바라보았다는 문장이 있습니다. '양심'도 비슷한 표현이지만 세몬과 마트료나는 하느님을 중요하게 생각하는 사람들이라는 것을 알 수 있습니다. 하느님이 인간을 보는 것과 같은 마음으로 마트료나는 젊은이를 바라본 것이지요.
4. ①, ②, ③ 모두 고마운 일이었으나 미하일은 계속 말없이 고개를 숙이고 앉아 있었습니다. 마트료나의 마음이 따뜻하게 바뀌자 비로소 미소를 지었습니다.
5. 가난한 구두장이 세몬은 교회 앞에서 벌거벗은 젊은이를 발견하고 집으로 데려옵니다. 세몬의 아내 마트료나는 화를 내다가 마음속의 하느님 얘기를 듣고 마음이 바뀝니다. 미하일은 마트료나의 마음이 바뀐 것을 알고 세몬과 마트료나를 축복합니다.

13. 시튼 동물기

> **정답**
> 1. ① 2. 늑대, 다섯, 현상금 3. ② 4. 냄새, 미끼, 똥 5. 커럼포, 로보, 미끼, 영리하고 교활

해설 1. ②'잡초'는 '가꾸지 않아도 저절로 나서 자라는 여러 가지 풀'입니다. ③'초원'은 '풀이 나 있는 들판'입니다. ④'기초'는 '사물의 기본이 되는 토대'를 말합니다.

2. 첫 문단에서 로보를 소개하고 있습니다. 커럼포의 늑대왕 로보는 부하 다섯 마리를 거느리고 가축을 매일 잡아가 사람들이 큰 피해를 입고 있었습니다. 그러나 아무도 로보 무리를 잡지 못해 현상금이 점점 높아졌습니다.

3. 세 번째 문단이 독약을 미끼에 넣고 들판에 설치하는 장면입니다. 독약과 사람의 냄새가 나지 않도록 무척 조심하는 모습에서 '나'의 치밀하고 꼼꼼한 성격을 알 수 있습니다. '털털하다'는 '까다롭지 아니하고 소탈하다'는 뜻입니다.

4. 마지막 문단에 '나'가 늑대들이 미끼를 먹지 않고 한곳에 모아둔 뒤 똥을 싸 놓은 것을 보게 된 장면이 나옵니다.

5. 커럼포의 늑대왕을 잡기 위해 '나'는 독 미끼를 놓지만 실패하고 로보가 생각보다 더 영리하고 교활하다는 사실을 알게 됩니다.

14. 어린 왕자

> **정답**
> 1. ① 2. 관계 3. ②, ③ 4. 행복, 마음 5. 길들인다, 참을성, 행복

해설 1. '길들이다'는 '어떤 일에 익숙하게 하다'라는 뜻입니다. '자동차를 길들이다', '동물을 길들이다'와 같이 씁니다. ①번 문장을 바르게 고친다면 '진호는 무서운 엄마에게 길들여졌다'와 같이 써야 합니다.

2. 여우가 어린 왕자에게 '그건 '관계를 맺는다'는 말이야'라고 답했습니다.

3. 여우는 '네가 나를 길들인다면 너는 나에게 오직 하나밖에 없는 존재가 되는 거야'라고 했습니다. 길들이지(관계를 맺지) 않았기 때문에 다른 소년들과 다를 것이 없는 평범한 존재라고 한 것입니다.

4. 여우는 어린 왕자가 네 시에 온다면 세 시부터 행복해지기 시작할 것이지만 아무 때나 오면 몇 시에 마음을 단장해야 하는지 모른다고 했습니다.

5. 여우는 어린 왕자에게 길들인다는 것에 대해 알려주었습니다. 길들인다는 것은 관계를 맺는 것이고, 그러려면 참을성을 갖고 조금씩 가까워져야 한다고 했습니다. 그리고 어린 왕자가 매일 일정한 시간에 찾아오면 그 시간이 가까워질 때마다 행복해질 거라고 했습니다.

15. 프랑켄슈타인

> **정답**
> 1. ② 2. 외모, 앞 3. ①○, ②○, ③×, ④× 4. ① 오두막, ② 대접, ③ 몽둥이 5. 친구, (소름 끼치는 또는 흉측한) 외모, 절망감

해설 1. '편견'은 '공정하지 못하고 한쪽으로 치우친 생각'입니다. '선입견'은 '어떤 대상에 대하여 이미 마음속에 가지고 있는 고정적인 관념 또는 관점'이므로 '편견'과 비슷합니다. '의견'과 '견해'는 서로 비슷한 뜻이 있으며 '참견'은 자기와 별로 관계없는 일이나 말에 끼어드는 것을 말합니다.
2. 첫 문단에 '사람들이 나를 무서워하는 이유가 소름 끼치는 내 외모 때문이었으니 앞을 못 보는 그 노인이라면……'라는 '나'의 생각이 나옵니다.
3. ③ 노인은 앞을 못 보기에 '나'를 볼 수 없었고, '나'를 만나서 처음에는 친절하게 대해 주었습니다. ④ '나'는 노인을 공격하지 않았습니다. 마지막 문단에서 아들이 달려와 '나'를 밀쳐내고 몽둥이로 사정없이 때렸습니다.
4. ① 가족들이 모두 나들이를 떠나고 노인이 기타를 연주하고 있을 때 오두막 문을 두드렸다고 했습니다. ② 집에 아무도 없어서 '당신을 대접할 수 없다'고 했어요. 노인 자신은 앞을 못 본다고 말했지요. ③ 뒷부분에 아들이 '나'를 몽둥이로 때리는 장면이 나옵니다. 그다음 줄에선 아들이 주먹을 날리려 해서 '나'는 도망치지요.
5. 흉측한 외모 때문에 친구가 없던 '나'는 친절한 오두막 가족들과 친구가 되고 싶었습니다. 눈먼 노인은 자신을 친절하게 대해 주었지만, 노인의 아들이 몽둥이로 '나'를 때리자 이 사람들과도 친구가 될 수 없다는 절망감을 느꼈습니다.

16. 타임머신

> **정답**
> 1. ② 2. 타임머신, 미래, 인류 3. ④ 4. ①×, ②○, ③×, ④○, ⑤○ 5. 타임머신, 낡은, 과일

해설 1. '야만'은 '미개하여 문화 수준이 낮은 상태'를 말합니다. 그러므로 '사회의 여러 가지 기술적, 물질적인 측면의 발전에 의해 이루어진 결과물'을 뜻하는 '문명'과 반대되는 뜻을 가졌습니다.
2. 첫째, 둘째 문단에 타임머신을 타고 미래 여행을 가서 인류가 어떻게 바뀌었을지 궁금했다는 내용이 있습니다.
3. '미래 세계의 허약한 사나이'의 생김새와 옷차림, 행동에 대한 설명이 나오지만 그가 입고 있는 자주색 옷에 여러 기능이 있다는 설명은 없습니다.
4. ① 그들이 자신의 손을 만졌지만 상냥한 손길에 안심됐다고 했습니다. ② 천둥을 타고 왔느냐고 묻는 걸 보고 이 사람들이 바보인가 생각했다고 했습니다. ③ 그들이 도자기 인형 같다는 말은 있지만 실망했다는 얘기는 없습니다. ④ 미래 인간들이 훨씬 앞서 있을 거로 생각했다고 했습니다. ⑤ 식사 예절이 사라진 것은 앞선 문명과 거리가 멀지요.
5. 타임머신을 타고 80만 2천몇 년 뒤의 세상에 다녀온 '나'는 키도 작고 몸도 약해졌으며 타임머신이라는 기계도 모르고 천둥을 타고 왔냐고 묻는 미래 인류에게 실망합니다. 그들은 '나'를 환영해주었지만 낡은 건물에서 과일만 먹는 채식 생활을 하고 있었습니다.

17. 블랙 뷰티

> **정답**
> 1.①ⓒ, ②ⓒ, ③㉠, ④㉣ 2.① 3.①뷰티, ②샛길, ③다리 4.①2, ②1, ③5, ④4, ⑤3 5. 존, 주인, (나무)다리, 이성, 감각

해설 1. ②'통행료'에서 '료'는 '~하는 데 드는 돈'이라는 뜻입니다.
2. ① 주인이 뷰티를 채찍질하는 장면이 나옵니다. 존은 뷰티를 때리지 않았습니다.
3. ① 주인이 '나'를 '뷰티'라고 부릅니다. ② 폭풍에 쓰러진 참나무 때문에 길이 막히자 샛길로 돌아가는 내용이 나옵니다. ③ 끝부분에 다리가 끊어졌다는 대화글이 나옵니다. 그 뒤에는 뷰티의 감각 덕분에 다리를 건너지 않아 모두 무사했다는 이야기가 나옵니다.
4. 비바람이 부는 날 집을 나서는 것이 이야기의 시작입니다. 가는 길에 다리를 건널 때 통행료 받는 사람의 걱정을 들었습니다. 목적지에 도착해 주인이 일을 마치고 오후 늦게 출발한 것이 그 다음입니다. 집으로 돌아가는 길에 폭풍에 쓰러진 참나무를 피해 샛길로 가다가 다리 앞에서 뷰티가 멈춰선 것입니다.
5. '나'는 뷰티라는 이름의 검은 말입니다. 비바람 부는 날 존과 주인을 태운 마차를 끌고 집을 나섭니다. 폭풍우는 계속되었고, 돌아오는 길에 다리가 위험해 보여 뷰티가 멈춰 서고 다리를 건너지 않은 덕분에 모두 무사할 수 있었고, 사람들은 뷰티의 감각을 칭찬하며 신이 인간에게는 이성, 동물에게는 감각을 주었다고 했습니다.

18. 하늘을 나는 교실

> **정답**
> 1.①㉣,②㉠,③ⓒ,④ⓒ 2.③ 3.①○②×,③×,④× 4.놀림,겁쟁이 5. 강당, 연극, 울리, 철봉대

해설 1. ④학년이 낮은 학생은 '하급생', 학년이 높은 학생은 '상급생'입니다.
2. ① 첫 문단에서 마티아스는 과자를 많이 챙겨와 열심히 먹었습니다. ② '요니가 쓴 크리스마스 연극 대본으로 연습을 시작했다'는 말이 나옵니다. ③ 울리는 철봉대에서 뛰어내릴 때 펼치기 위해서 우산을 준비한 것입니다. ④ 제바스티안은 울리가 신경 쓰인다고 했습니다.
3. ② 운동장에서 울리를 기다린 것은 하급생들이었습니다. ③ 네 아이가 동시에 울리에게 멈추라고 외치는 장면이 나옵니다. 응원한 것이 아닙니다. ④ '다친 울리'라는 표현이 있고 친구들이 간호사와 의사를 부르는 것으로 보아 울리가 다친 것을 짐작할 수 있습니다.
4. 울리가 평소 놀림을 많이 받았다는 내용도 있고, '나는 겁쟁이가 아니'라는 말이 나옵니다.
5. 크리스마스를 앞두고 울리와 친구들은 강당에서 마지막 연습을 했습니다. 울리는 운동장으로 나가 아이들 앞에서 자신은 겁쟁이가 아니라며 철봉대 위에서 뛰어내렸습니다.

19. 동물 농장

정답
1. ① 2. ④ 3. ①존경, ②꿈, ③인간 4. 반란, 적, 동지, 평등 5. 메이저 영감, 인간, 반란, 비밀 활동

해설 1. 메이저 영감은 인간들을 몰아내면 풍요와 자유를 얻게 될 것이라고 했습니다. 그리고 동물들은 모두 평등하다고 했습니다. '노예'는 나머지 낱말들과 반대 의미로, 동물들이 벗어나고 싶은 현실입니다.
2. 메이저 영감은 '우리 동물들의 삶은 비참합니다'라고 밝히고 어떻게, 얼마나 비참한지 자세히 설명하고 있습니다. 행복과 여가를 즐기는 것은 비참한 삶과 거리가 멉니다.
3. ① '농장 동물들의 존경을 받는 돼지 메이저 영감'이라고 했습니다. ② 동물들은 메이저 영감의 꿈 얘기를 듣기 위해 헛간으로 모였다고 했습니다. ③ '동물들이 노예의 삶을 사는 것은 인간 때문입니다'라고 밝히고 있습니다.
4. 메이저 영감은 인간을 몰아내기 위해 반란을 일으켜야 한다고 했습니다. 인간은 동물들의 적이며 모든 동물은 서로 형제이며 동지이고, 모두 평등하다고 했지요.
5. 매너 농장 동물들이 존경하는 메이저 영감은 동물들이 비참하게 된 것은 인간 때문이니 반란을 일으켜야 한다고 동물들을 일깨웁니다. 메이저 영감은 곧 죽었지만, 동물들은 그 꿈을 이루기 위해 비밀 활동을 시작합니다.

20. 오즈의 마법사

정답
1. ①해방, ②지배, ③노예 2. ④ 3. ①㉠, ②㉢, ③㉡, ④㉣ 4. ②○, ③○ 5. 회오리바람, 동쪽 마녀, 북쪽 마녀, 은구두

해설 1. ①'해방'은 '속박하거나 가두어 두었던 것을 풀어서 자유롭게 함'을 말합니다. ②'지배'는 '사람이나 조직을 자기의 뜻이나 규칙대로 복종시켜 다스리는 것'을 뜻합니다. ③'노예'는 '남에게 자유를 빼앗겨 부림을 받는 개인이나 계층'입니다.
2. 첫 문단에서 도로시가 굉장히 큰 소리에 잠에서 깼다고 했습니다. 그리고 두 번째 문단에서 회오리바람이 날아가던 도로시의 집을 어느 고장에 내려놓았다고 했습니다. 그러므로 도로시는 날아가던 집이 땅으로 떨어지는 바람에 잠에서 깬 것입니다.
3. 도로시는 낯선 고장에 도착하여 먼치킨과 북쪽 마녀가 누구인지 몰랐습니다. 도로시의 집에 깔려 죽은 것은 나쁜 동쪽 마녀이고, 북쪽 마녀는 착한 마녀로 도로시에게 은구두를 가지라고 했습니다.
4. 도로시가 은구두를 갖게 된 것은 은구두의 주인인 나쁜 동쪽 마녀가 사라졌기 때문이지, 착한 아이이기 때문은 아닙니다.
5. 회오리바람을 타고 날던 도로시의 집이 어느 고장에 떨어졌습니다. 먼치킨들을 괴롭히던 나쁜 동쪽 마녀가 그 집에 깔려 죽자, 먼치킨들이 해방되었습니다. 북쪽 마녀는 도로시에게 동쪽 마녀의 은구두를 주었습니다.

21. 나의 라임오렌지 나무

> **정답**
> 1.① 2.크리스마스, 시내 3.③ 4.①, ③ 5.루이스, 시내, 트럭, 멋진 차

해설 1. 이 글 속에서 '시내'는 '도시의 중심가'라는 뜻으로 쓰였습니다. ①번의 '시내'는 '골짜기나 평지에서 흐르는 자그마한 내(냇물)'이라는 뜻입니다.
2. 첫 문단에서 '나'와 루이스는 시내에서 큰 트럭이 나눠주는 크리스마스 선물을 받으려고 일찍 일어났다고 했습니다.
3. '나'는 다섯 살이라 동생을 데리고 시내에 갈 수 없었다고 했습니다. 너무 멀고 위험하고 복잡하기 때문입니다. 집배원 아저씨에게 선물을 받으려고 한 것은 아닙니다.
4. 시내에 나가려는 아이들을 보고 누나가 눈물짓는 장면이 나옵니다. '나'의 집이 가난하다는 말이 직접 나오지는 않습니다. 그러나 '그렇게 해서라도 크리스마스 선물을 꼭 받고 싶은 우리의 마음'이라고 쓴 것을 보면 가난한 형편인 것을 알 수 있습니다. 그리고 부모님과 누나에게 선물을 달라고 조르지 않는 착한 마음도 알 수 있습니다. 결국 두 아이는 시내에 너무 늦게 도착해 선물을 받지 못했습니다.
5. 나(제제)는 동생 루이스를 데리고 아침 일찍 시내로 출발했습니다. 그러나 한참 후 힘겹게 시내에 도착했을 때 선물 트럭은 이미 떠나버린 뒤였습니다. 선물을 못 받은 나는 몹시 슬펐지만, 동생 루이스를 달래기 위해 나중에 멋진 차를 사주겠다고 말했습니다.

22. 15 소년 표류기

> **정답**
> 1.①ⓒ, ②ⓔ, ③ⓐ, ④ⓑ 2.③ 3.①○, ②×, ③×, ④○ 4.①2, ②4, ③1, ④3 5.열다섯(또는 15), 표류, 무인도, 동굴, 뗏목

해설 1. '표류'는 '물 위에 떠서 정해진 곳 없이 이리저리 흘러가는 것'을 말합니다. '밀물'은 '해면이 상승하는 현상이나 그 바닷물'을 말하고, 반대로 '해면이 하강하는 현상'은 '썰물'입니다.
2. 고든의 말 속에 배가 점점 부서지고 있고 곧 겨울이 올 테니 배에서 계속 살 수 없다는 말이 나옵니다.
3. ② 코스터가 먹보라는 말은 나오지만 요리를 잘한다는 이야기는 없습니다. ③ 백스터가 텐트를 치면 좋겠다는 의견은 고든이 냈습니다.
4. 소년들은 표류하던 배가 도착한 바닷가에서 부서진 배 안에서 지내고 있었습니다. 도착한 곳을 탐험한 결과 무인도인 것을 알아냈고, 동굴도 발견했습니다. 보금자리를 동굴로 옮기기로 결정한 소년들은 임시로 텐트를 만들어 짐도 보관하고 잠도 자며 뗏목을 만들었습니다.
5. 열다섯 명의 소년들은 자신들이 탄 배가 표류하던 끝에 도착한 곳이 무인도인 것을 알아냅니다. 겨울이 다 가오자 부서져 가는 배를 떠나 동굴로 옮겨 살기로 합니다. 무거운 짐을 동굴로 옮기기 위해 역할을 나누어 맡아 뗏목을 만듭니다.

23. 홍당무

정답
1. ② 2. ② 3. ①, ③ 4. 펠릭스, 홍당무, 에르네스틴 5. 르픽, 닭장, 홍당무, 두려움

해설 1. 이 글 속 '나도 참 바보 같이'에 쓰인 '같이'는 '처럼'과 같이 어떤 것을 다른 것에 빗대어 표현할 때 씁니다. 그러나 ②의 '같이'는 '함께'와 같은 뜻입니다.
2. 첫째 줄에 오노린이 닭장 문 닫는 걸 잊어버렸을 것이라는 대화글에 등장하지만 오노린이 직접 등장하지는 않았습니다.
3. 르픽 부인은 홍당무 남매들의 엄마지만 자녀 모두를 공평하게 대하지 않고 홍당무만 차별합니다. 그래서 어두운 밤에 닭장 문 닫는 일을 막내인 홍당무에게 억지로 시킵니다.
4. 르픽 부인은 큰아들 펠릭스에게 닭장 문을 닫고 오라고 합니다. 그러나 펠릭스는 가지 않겠다는 뜻으로 버릇없는 말을 하지요. 누나 에르네스틴은 무서워서 못한다고 했고요. 홍당무도 무섭다고 했지만 누나 에르네스틴이 홍당무를 용감한 아이라고 거짓 칭찬을 합니다.
5. 르픽 부인은 한밤중에 아이들에게 닭장 문을 닫고 오라고 합니다. 그러나 형과 누나는 하기 싫은 일을 홍당무에게 미루기 위해 용감한 아이라고 부추깁니다. 홍당무는 마음속 두려움을 이겨내고 싶은 마음이 들어 혼자 나가 닭장 문을 닫고 옵니다.

24. 피노키오

정답
1. ① 2. ①○, ②×, ③×, ④○ 3. ③ 4. ① 5. 다리, 은혜, 학교, 외투, 책

해설 1. '맞장구치다'는 '남의 말에 서로 호응하거나 동의하다'라는 뜻입니다. ①에는 '연석이는 자신이 한 일이 아니라고 변명했다(잡아떼었다)'와 같은 말이 어울립니다.
2. ② 피노키오는 잠은 안 자고 잠자는 척을 했습니다. ③ 제페토 할아버지가 종이로 옷을 만들고 빵으로 모자를 만들어주었습니다.
3. 피노키오는 아빠(제페토 할아버지)한테 은혜를 갚기 위해 학교에 다닐 거라고 했습니다.
4. 피노키오는 자기를 만들어주고 다리까지 고쳐준 제페토 할아버지를 아빠라고 불렀습니다. 제페토 할아버지가 아빠고 피노키오가 아들이지요.
5. 제페토 할아버지가 새로 만든 다리를 붙여주자, 피노키오는 할아버지를 아빠라고 부르며 은혜를 갚기 위해 학교에 다니겠다고 합니다. 할아버지는 피노키오가 학교에 입고 갈 옷과 모자와 신발을 만들어 줍니다. 그러나 책을 살 돈이 없어 자신의 외투를 팔아 책을 사 줍니다.

25. 보물섬

> **정답**
> 1. ①②, ②©, ③⑤, ④© 2. ② 3. 보물섬 지도, 호킨스 4. ③ 5. 호킨스, 선장, 지주님, 리브시, 보물섬

해설 1. 첫째 줄에 나오는 '괴한'과 '제독'은 특정한 사람을 가리키는 말입니다. '위엄'은 이 글에서 쓰인 것처럼 '위엄이 있다'나 '위엄을 갖추다'와 같이 쓰입니다.

2. 댄스 씨는 호킨스가 가진 물건을 맡아주겠다고 하지만 호킨스가 리브시 선생님에게 알리겠다고 하자 호킨스의 의견을 존중해 줍니다.

3. 첫 문단에 괴한들이 무언가를 찾느라 여관을 쑥대밭으로 만든 이야기가 나옵니다. 그리고 맨 마지막 문장에 그들이 찾던 물건이 보물섬 지도였다는 것이 밝혀집니다. 선장의 짐에서 지도가 나오지 않자 괴한들은 호킨스와 어머니를 의심해 여관을 쑥대밭으로 만들었습니다.

4. ①, ②, ④번의 행동은 호킨스의 침착하고 신중한 성격을 알 수 있는 행동입니다. 그러나 ③번은 단순히 호킨스가 걸어 간 장소만 알려줍니다.

5. 호킨스는 어린 소년이었지만 자기 부모님이 운영하는 여관 손님이었던 선장이 죽자, 그의 짐 속에서 특별해 보이는 주머니를 발견해 숨깁니다.(선장은 여관비를 내지 않고 죽었기 때문에 호킨스는 그의 짐을 살펴본 것입니다.) 선장을 쫓던 자들이 그 주머니를 찾으려 여관을 습격했지만, 호킨스는 그것을 숨겼다가 지주님과 리브시 선생님께 보여줍니다. 그 주머니 속에는 보물섬 지도가 들어 있었습니다.

초등 문해력을 키워주는
고전 독해와 글쓰기 1
ⓒ 정형권·김정원, 2024

초판 1쇄 인쇄 2024년 4월 10일
초판 1쇄 발행 2024년 4월 22일

지은이   정형권·김정원
그림   김민

펴낸이   이성림
펴낸곳   성림북스

책임편집 홍지은
디자인   북디자인 경놈

출판등록 2014년 9월 3일 제25100-2014-000054호
주소   서울시 은평구 연서로3길 12-8, 502
대표전화 02-356-5762   **팩스** 02-356-5769
이메일   sunglimonebooks@naver.com

ISBN   979-11-93357-26-2 (74800)
           979-11-93357-25-5 (세트)

* 책값은 뒤표지에 있습니다.
* 이 책의 판권은 성림원북스에 있습니다.
* 이 책의 내용 전부 또는 일부를 재사용하려면 성림원북스의 서면 동의를 받아야 합니다.